Oaxaca y más allá
microrelatos bilingües del corazón

bilingual microstories from the heart
Oaxaca and beyond

Oaxaca y más allá, microrelatos bilingües del corazón
Oaxaca and beyond, bilingual microstories from the heart

Tapa Blanda/Paperback ISBN: 978-1-947112-94-0
Tapa Dura/Hardcover ISBN: 978-1-947112-96-4

©2023
Esta obra literaria está autorizada por Creative Commons Attribution-NonCommercial CC BY-NC 4.0. Los autores conservan los derechos de autor de sus obras. El uso de cualquier contenido fuera del acuerdo de la licencia Creative Commons requiere el permiso por escrito del autor correspondiente o The Press at Cal Poly Humboldt.

This work is licensed under Creative Commons Attribution-NonCommercial CC BY-NC 4.0. Authors retain copyright to their works. Use of any content outside the Creative Commons license agreement requires written permission from the appropriate author or The Press at Cal Poly Humboldt.

Foto de portada y texto por/front cover photo and text by Judith Romero
Florecer (The Flowering)
De la serie/From the series:
Afrovalerianos. Memoria, territorio y alteridad
La cococha—una especie de tuna del nopal [....] Se utiliza para el "mole de cocochas", elaborado en Cuaresma, el cual la tía Chona prepara cada año como parte del conocimiento tradicional de esta comunidad afromexicana. Una vez que nace la flor, la cococha no puede utilizarse en el mole, pero brota con singular belleza. En la imagen, tía Chona se ha colocado las flores en los ojos; en un acto de confianza, lúdico y creativo, como en una puesta en escena: florece.

The cococha, a kind of prickly pear cactus [....] is used for the mole de cocochas, made in Lent, which Aunt Chona prepares every year as part of the traditional knowledge of this Afro-Mexican community. Once the flower blooms, the cococha cannot be used in the mole, but it sprouts with singular beauty. In the image, Tía Chona has placed the flowers in her eyes; in an act of trust, playful and creative, as in a staging: it blooms.

Maquetación y diseño por/Layout and design by
Alannah Guevara

Editoriales/Publishers:
The Press at Cal Poly Humboldt
Cal Poly Humboldt Library
1 Harpst St.
Arcata, CA 95524-8299
United States
press@humboldt.edu
www.press.humboldt.edu

Universidad Autónoma "Benito Juárez" de Oaxaca
Av. Universidad S/N.
Ex-Hacienda 5 Señores
Oaxaca, México, 68120
www.uabjo.mx/

Oaxaca y más allá
microrelatos bilingües del corazón

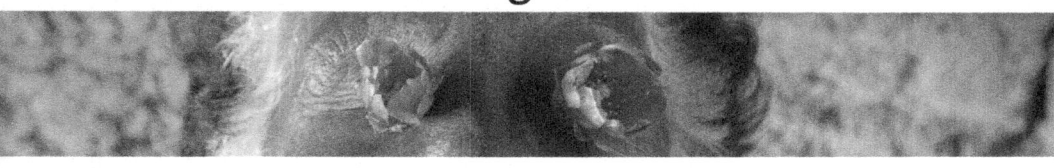

bilingual microstories from the heart
Oaxaca and beyond

Editores / Editors
Rosamel Segundo Benavides-Garb
James Ephraim Gaasch
Rolando Fernando Martínez Sánchez
Francisco José Ruiz Cervantes

Director Editorial / Managing Editor
Kyle Morgan

Editora Asociada / Associate Editor
Dorothy Pendleton

The Press at Cal Poly Humboldt
Universidad Autónoma "Benito Juárez" de Oaxaca

Agradecimientos

El Centro de Traducción e Interpretación (CTI) de la Universidad Politécnica de Humboldt de California en Arcata, California—bajo la dirección de Agustín Amaro y Erisan Villafana Torres—realizó todas las traducciones de esta antología, a menos que se indique lo contrario. Sus traducciones reflejan las largas horas de dedicación y profesionalismo con las que abordaron el trabajo de cada escritor.

Cuauhtémoc Peña Vasquez (1450 Ediciones, Oaxaca de Juárez, Oaxaca, México) y Kurt Hackbarth (Ediciones Independientes Matanga, Oaxaca de Juárez, Oaxaca, México) son autores y editores profesionales ampliamente reconocidos que animan incansablemente a otros escritores oaxaqueños, publicando a menudo sus obras. Ellos compartieron su conocimiento de la literatura oaxaqueña y su amor por los libros con los editores de esta antología.

Un agradecimiento muy especial a los escritores Gayne Rodríguez Guzmán y Manuel Matus Manzo. Compartieron generosamente su amor por la literatura y la cultura oaxaqueña, a menudo durante largas y agradables conversaciones con los editores.

Los editores están profundamente agradecidos a Matthew (Mateo) Dean, Andrea Santamaría, Charlotte Thompson y Michael Tangeman por sus comentarios críticos y las muchas horas que dedicaron a leer las historias de esta antología.

Los editores tienen una deuda de gratitud con Cyril Oberlander, Kyle Morgan, Dorothy Pendleton, Alannah Guevara, René Bustamante, Kelly Johnston, Judith Romero, Abraham Nahón, Janelle Adsit y Kenna Kay Hyatt; todos contribuyeron con su apoyo para esta publicación.

Finalmente, reconocemos a las siguientes instituciones:

Universidad Autónoma "Benito Juárez" de Oaxaca (UABJO)
  » Instituto de Investigaciones en Humanidades
  » Facultad de Idiomas

Cal Poly Humboldt, Arcata, California
  » Departamento de Idiomas y Culturas Mundiales
  » La prensa en Cal Poly Humboldt
  » Biblioteca de Cal Poly Humboldt
  » Facultad de Artes, Humanidades y Ciencias Sociales
  » Oficina de Diversidad, Equidad e Inclusión

Acknowledgments

The Center for Translation and Interpretation (El Centro de Traducción e Interpretación) at Cal Poly Humboldt, Arcata, California—lead by Agustín Amaro and Erisan Villafana Torres—provided all the translations for this book, when not indicated otherwise. Their translations reflect the long hours of dedication and professionalism with which they approached the work of each writer.

Cuauhtémoc Peña Vásquez (1450 Ediciones, Oaxaca de Juárez, Oaxaca, México) and Kurt Hackbarth (Ediciones Independientes Matanga, Oaxaca de Juárez, Oaxaca, México) are widely recognized authors and professional editors who tirelessly encourage other Oaxacan writers, often publishing their works. They shared their knowledge of Oaxacan literature and love for books with the editors of this anthology.

A very special thank you to the writers Gayne Rodríguez Guzmán and Manuel Matus Manzo. They generously shared their love for Oaxacan literature and culture, often over long, congenial conversations with the editors.

The editors are deeply grateful to Matthew (Mateo) Dean, Andrea Santamaría, Charlotte Thompson and Michael Tangeman for their critical comments and the many hours they gave to reading the stories in this anthology.

The editors owe a debt of gratitude to Cyril Oberlander, Kyle Morgan, Dorothy Pendleton, Alannah Guevara, René Bustamante, Kelly Johnston, Judith Romero, Abraham Nahón, Janelle Adsit and Kenna Kay Hyatt; they all contributed their support to the stories you are reading.

Finally, we would like to recognize the following:

Universidad Autónoma "Benito Juárez" de Oaxaca (UABJO)
- » Instituto de Investigaciones en Humanidades
- » Facultad de Idiomas

Cal Poly Humboldt, Arcata, California
- » Department of World Languages and Cultures
- » The Press at Cal Poly Humboldt
- » Cal Poly Humboldt Library
- » College of Arts, Humanities & Social Sciences
- » Office of Diversity, Equity, and Inclusion

Contenido/Contents

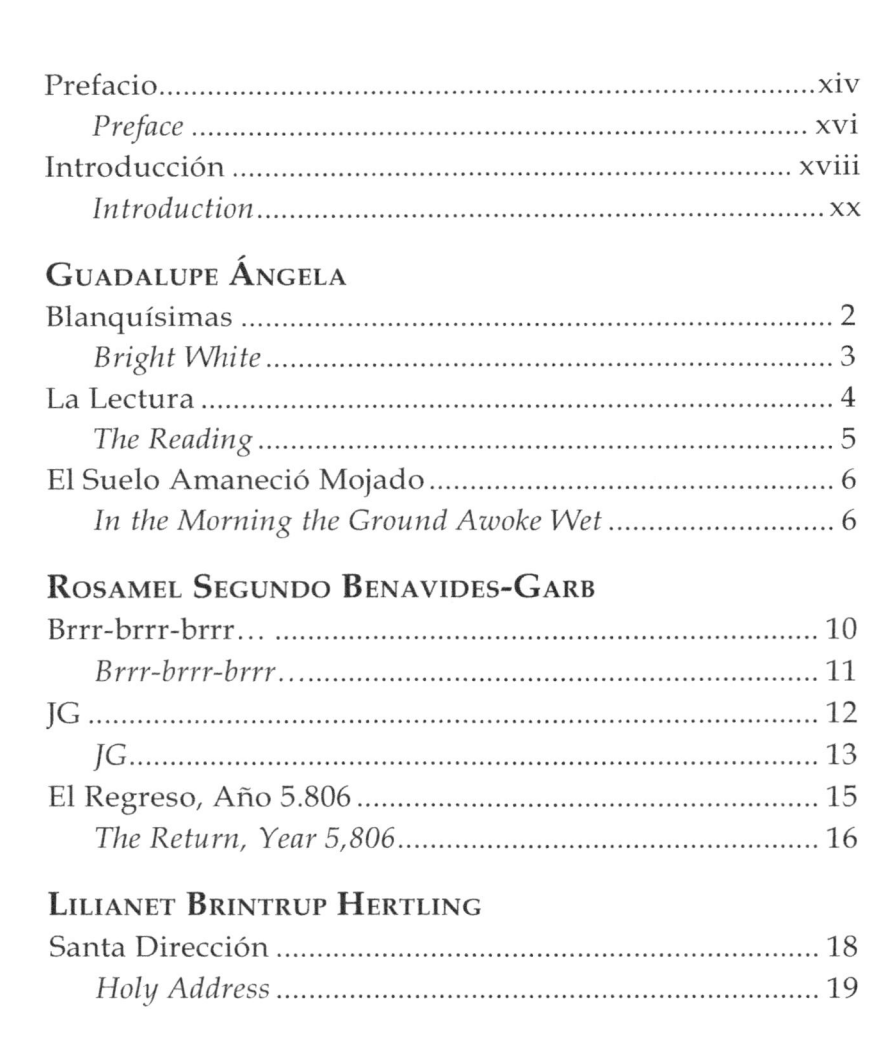

Prefacio xiv
Preface xvi
Introducción xviii
Introduction xx

Guadalupe Ángela
Blanquísimas 2
Bright White 3
La Lectura 4
The Reading 5
El Suelo Amaneció Mojado 6
In the Morning the Ground Awoke Wet 6

Rosamel Segundo Benavides-Garb
Brrr-brrr-brrr… 10
Brrr-brrr-brrr… 11
JG 12
JG 13
El Regreso, Año 5.806 15
The Return, Year 5,806 16

Lilianet Brintrup Hertling
Santa Dirección 18
Holy Address 19

Víctor de la Cruz Pérez
El Que Fue a Aprender a Mentir 22
   The One Who Went to Learn How to Lie 23
Las Sandías 24
   The Watermelons 24
   Stiidxa' Xandie (Zapotec) 25

James Ephraim Gaasch
Algo 28
   Something 29
Una Tarjeta Postal de Oaxaca 31
   A Postcard from Oaxaca 32
Transiciones en Oaxaca 33
   Transitions in Oaxaca 37

Pergentino José
Pájaro de la Medianoche 44
   Midnight Bird 48

Araceli Mancilla Zayas
Cierto Parecido 54
   Similarities 56
Señora de las Dunas 58
   Lady of the Dunes 60

Angie Martínez
El Crimen Perfecto: ¿Gusta un Caldito de Gallina? 64
   The Perfect Crime: Would You Like Some Chicken Stew? 66

Manuel Matus Manzo
La Musa del Mezcal 70
   The Muse of Mezcal 75
Tal Vez un Gato 81
   Maybe a Cat 85

El Viento es una Multitud 89
    The Wind is a Crowd 91

Antonio Pacheco Zárate
Y Brille Para Él la Luz Perpetua 96
    And Perpetual Light Shall Shine for Him 100
Una Caja y Cuatro Velas 104
    A Casket and Four Candles 108

Liana Pacheco
Rojo Profano 114
    Unholy Red 117

Cuauhtémoc Peña Vásquez
Cymbalta y Rivotril vs. Optimismo 122
    Cymbalta and Rivotril vs. Optimism 125
Puntacandela 127
    Puntacandela 130
El Reencuentro 132
    The Reunion 133

Silvia Peña Arreola
Concierto Bajo el Laurel 136
    Concert Under the Laurel Tree 137
Perdí las flores 137
    I Lost the Flowers 138

Gayne Rodríguez Guzmán
De Carne y Hueso 142
    Of Flesh and Bone 144
El Niño de San Martín 146
    The Boy from San Martín 149
Testigos 152
    Witnesses 153

Lamberto Roque Hernández
Campanadas (Dios Nunca Muere...) 156
   Chiming Bells (God Never Dies...) 159
No Te Preocupés… 162
   Don't Worry… 163

Jessica Santiago Guzmán
De Carretas y Muchachas 168
   Of Carts and Girls 170
Fotografía 1 172
   Photograph 1 173
Fotografía 2 174
   Photograph 2 175

Victor Terán
El Pleito de un Matrimonio 178
   The Problem in a Marriage 180

Galería/Gallery 182

Prefacio

El libro que el amable lector tiene en sus manos materializa la colaboración entre dos instituciones de educación superior: una establecida en la región sur de la república mexicana y la otra afincada al norte del estado de California, en la costa occidental de los Estados Unidos de América. Nos referimos a la Universidad Autónoma "Benito Juárez" de Oaxaca, en México y la Cal Poly Humboldt, en Norteamérica.

Desde hace muchos años, la otrora Humboldt State University ha enviado en periodo veraniego a grupos de estudiantes a la ciudad de Oaxaca. En esa temporada, los jóvenes viven en casas de familias locales y asisten a cursos en la facultad de idiomas, de la casa de estudios oaxaqueña. A lo largo de esos años, los lazos de colaboración institucionales se han fortalecido de manera consistente y también los de carácter personal. El intercambio se ha extendido al otro lado de la frontera y académicos de la UABJO han realizado estancias en la singular Arcata.

Una de las colegas universitarias que propició el fortalecimiento de esos lazos colaborativos y de confraterinidad fue la querida Guadalupe Ángela Ramírez Victoria (1969-2020), primero como docente del programa de verano en Oaxaca, enseguida como profesora visitante en EUA y luego como directiva de la Facultad de Idiomas de la UABJO.

Guadalupe Ángela dejó una huella notable en todas las actividades que emprendió; espíritu sensible fue una voz potente en la literatura oaxaqueña contemporánea. Lo mismo en la poesía que en el relato corto. Su formación literaria la fue adquiriendo mientras se desempeñaba como profesora, primero al cursar la Maestría en Literatura Mexicana, en el Instituto de Investigaciones en Humanidades, que el doctorado obtenido en la facultad que llegó a dirigir. Muchas más empresas académicas y culturales de diverso alcance esperaban su concurso pero un padecimiento artero nos la quitó.

En su memoria una oportunidad de colaboración institucional ha germinado. Reunido un grupo de académicos de ambos lados de la frontera, sus integrantes seleccionaron relatos en prosa de la autoría de escritores nativos o avecindados en territorio oaxaqueño y de estadounidenses vinculados con Oaxaca. En la compilación hay autores consagrados y plumas noveles, alentadas algunas por la propia Guadalupe.

La edición está pensada para ser bilingüe y se distribuirá en forma digital y en papel. En esta empresa la UABJO y Cal Poly Humboldt, a través de sus equipos de trabajo se asignaron tareas y las cumplieron cabalmente. A través de la lectura, las voces de los autores, incluidos en esta antología, se harán escuchar y las imágenes que evocan los textos permanecerán en la memoria. De tal manera que los lectores, cómo tú, tienen la última palabra.

Rolando Fernando Martínez Sánchez   *Francisco José Ruiz Cervantes*

Preface

The book that you are holding in your hands represents the collaboration between two universities: one in the southern region of the Republic of Mexico and the other in Northern California on the west coast of the United States. We are referring to the Autonomous University "Benito Juárez" of Oaxaca (UABJO, by its initials in Spanish) and Cal Poly Humboldt.

For many years now, Cal Poly Humboldt (formerly Humboldt State University) has sent groups of students to the city of Oaxaca for the summer. During this time, the students live in the homes of local families and attend courses in the Faculty of Languages, at UABJO. Throughout these years of long collaboration, institutional and personal ties have been increasingly strengthened. The exchange has made it possible for scholars from UABJO to make trips to the special university town of Arcata.

One of the Oaxacan colleagues who fostered these collegial bonds and good fellowship was the beloved Guadalupe Ángela Ramírez Victoria (1969-2020), first as a teacher of the Humboldt summer program in Oaxaca, then as a visiting professor at Cal Poly Humboldt, and then later as the director of the Faculty of Languages at UABJO.

Guadalupe Ángela made a notable impact in all the activities she undertook; she was a gentle spirit who became a powerful voice in contemporary Oaxacan literature, both in poetry and in short fiction. While a teacher, she pursued her graduate degrees in literature, first a Master's Degree in Mexican Literature from the Institute of Research in the Humanities, then a doctorate from the same department which she would come to lead. Many more academic and cultural enterprises of a diverse scope awaited her, but an unexpected illness took her from us.

The publication of *Oaxaca and beyond, bilingual microstories from the heart* is meant to honor her memory. This collection of prose pieces, selected by scholars from both sides of the border, includes native Oaxacan authors, authors residing here, and Humboldt authors linked to Oaxaca. There are well-known and emerging authors, some inspired directly by Guadalupe herself.

The present collection of microstories, conceived as a bilingual anthology by the editors from both UABJO and Cal Poly Humboldt, will be printed digitally and in hardcopy. Thanks to these short writings, the voices of the authors will be heard, and the imagery evoked will long be remembered. Viewed in this way, readers like you will have the last word.

Francisco José Ruiz Cervantes   *Rolando Fernando Martínez Sánchez*

Introducción

Una antología de cuentos breves en todas sus dimensiónes siempre será una propuesta de los editores, nacida por las circunstancias y el azar. Esta antología se creó como una especie de apuesta literaria. Sin embargo, y sobre todo, *Oaxaca y más allá, microrrelatos bilingües del corazón*, presenta una dimensión de la creatividad artística abundante que florece en este estado del sur de México; o, por así decirlo, un retrato actual de cierta geografía social, elaborado con la intensa colaboración de dos profesores de la Universidad Autónoma de "Benito Juárez" de Oaxaca, y dos profesores de Cal Poly Humboldt, de Arcata, California. ¿Cuáles fueron los elementos de nuestra colaboración? —estancias prolongadas en Oaxaca, participación de generosos editores oaxaqueños, largas consultas con escritores, lecturas de medianoche con poca luz, conversaciones de café y sorbos de mezcal y, al final, encuentros providenciales. Los diecisiete escritores —ocho mujeres y nueve hombres— ofrecen aquí un total de treinta y seis relatos. Algunas historias presentan una relevancia tradicional y atemporal, mientras que otras se asocian a una estética diferente, una narrativa de ruptura y una exploración de la representación misma. Los editores eligieron estas historias porque todas son cautivadoras, y la apuesta es que el lector esté de acuerdo y sienta lo mismo.

Un microrrelato puede funcionar como una imagen instantánea, un momento intenso, una explosión de energía.

Aunque algunos de los relatos de esta colección pueden ser demasiado largos para calificarlos estrictamente como microrrelatos, son, no obstante, todos unos puntos relevantes en el mapa cultural de Oaxaca. Pueden abordarse de manera convencional, respondiendo a las preguntas ¿quién?, ¿qué?, ¿cuándo?, ¿dónde? y ¿para quién?, o leerse y discutirse con más precisión aún, si aceptáramos la definición brillantemente sencilla propuesta por el erudito mexicano del cuento, Lauro Zavala, "Algo pasa a alguien en un lugar". De manera profunda, los microrrelatos de este breve volumen captan también nuestra humanidad compartida, momentos privilegiados en los que el lector puede ver El Aleph, tal como lo describe Jorge Luis Borges en su cuento del mismo nombre; estos momentos, espejos de intersección de todas las cosas, son el reconocimiento de infinitos universos compartidos. Y, así como las campanas en la historia de Lamberto Roque Hernández llaman a la gente a reunirse en un pueblo lejano de Oaxaca en un momento de gran peligro, nosotros, los editores, apostamos a que las voces de esta colección nos conmuevan y unan.

Rosamel Segundo Benavides-Garb　　　　　*James Ephraim Gaasch*

Introduction

An anthology of short stories in all its dimensions will always be a proposal of the editors, born of circumstance and chance. This anthology came to life as a kind of literary wager. Yet, above all, *Oaxaca and beyond, bilingual microstories from the heart*, presents a slice of the rich artistic creativity flourishing in this southern state of Mexico, or, if you will, a present-day portrait of a certain social geography, drawn through the intense collaboration of two professors from La Universidad Autónoma de "Benito Juárez" de Oaxaca, and two from Cal Poly Humboldt, Arcata, California. The stuff of our collaboration?—extended stays in Oaxaca, participation of generous Oaxacan publishers, long consultations with writers, dimly-lit midnight readings, mezcal-laced café conversations, and, in the end, providential encounters. The seventeen writers—eight women and nine men—offer here a total of thirty-six stories. Some stories present a timeless, traditional relevance, while others are associated with a different aesthetic, a narrative of rupture and exploration of representation itself. The editors chose these stories because they are all compelling, and the wager is that you will find them equally so.

    A microstory can function as a snapshot, an intense moment, a burst of energy. Although some of the entries in this collection may be too long to strictly qualify as microstories, they are, nonetheless, all fine points on the

Oaxacan cultural map. They may be approached in a conventional way, answering the questions, who, what, when, where and to whom – or read and discussed with even more economy, if we were to accept the brilliantly simple definition proposed by the Mexican short story scholar, Lauro Zavala, "Something happens to someone in a place." In a profound way, the microstories in this slender volume also capture our shared humanity, privileged moments when the reader may see the Aleph, as described by Jorge Luis Borges in his story of the same name; these moments, mirrors of intersection of all things, are the recognition of infinite shared universes. And, just as the ringing bells in Lamberto Roque Hernández's story call the people to assemble in a distant village of Oaxaca at a time of great danger, we the editors wager that the voices in this collection will touch and connect us.

James Ephraim Gaasch   *Rosamel Segundo Benavides-Garb*

Guadalupe Ángela

GUADALUPE ÁNGELA (1969-2020) fue una reconocida poeta y escritora oaxaqueña. Maestra en Literatura Mexicana y doctora en Estudios Críticos del Lenguaje por la UABJO, se distinguió como profesora de Literatura y Escritura Creativa en la Facultad de Idiomas de esa universidad. Entre sus libros se encuentran: *Cuchillitos, minicuentos* (Editorial Pharus, Oaxaca, 2009); *Conchas donde guarda la jacaranda sus semillas* (Seculta, Oaxaca, 2009); *Poemario de las vírgenes* (A mano, Oaxaca, 2013); *La Alquimista, poemario basado en la obra de Remedios Varo* (1450 ediciones, 2015); *Zarpamos, antología personal*, edición bilingüe, español- italiano (2018) y español- alemán (2019), publicados por Cento Lumi, Italia. En homenaje a su obra literaria, se publicó en 2020 el libro póstumo *Guadalupe Ángela. Tal vez la noche descienda por el lápiz* (IIHUABJO, colección Las Quince Letras).

GUADALUPE ÁNGELA (1969 – 2020) was a renowned Oaxacan poet and writer. Professor in Mexican Literature and a

Ph.D. in Critical Language Studies from the Universidad Autónoma Benito Juárez de Oaxaca (UABJO, by its initials in Spanish), she distinguished herself as a professor of Literature and Creative Writing in the Faculty of Languages at the UABJO. Among her books are: *Cuchillitos, minicuentos* (Pharus Editorial, Oaxaca, 2009); *Conchas donde guarda la jacaranda sus semillas* (Seculta, Oaxaca, 2009); *Poemario de las vírgenes* (A mano, Oaxaca, 2013); *La Alquimista, poemario basado en la obra de Remedios Varo* (1450 editions, 2015); *Zarpamos, antología personal*, bilingual edition, Spanish-Italian (2018) and Spanish-German (2019), published by Cento Lumi, Italy. In tribute to her literary work, the posthumous book was published in 2020, *Guadalupe Angela: Tal vez la noche descienda por el lápiz* (Instituto de Investigaciones en Humanidades de la UABJO [IIHUABJO, by its initials in Spanish], Las Quince Letras collection).

BLANQUÍSIMAS

SE SUBIÓ. ABROCHABA EL CINTURÓN MIENTRAS ESPERABA escuchar las turbinas, imaginó a las pilotos. Corría y despegaba. Disfrutaba partir, alcanzar las nubes, mezclarse. Sus ojos se humedecieron cuando se preguntó que había sido de esa joven de 23 años, qué había hecho con las cuadernos don de escribía sus planes, dibujaba las árboles de cada país y creaba mapas ficticios.

Aterrizaron. Despertó. El aeropuerto era una caja de ritmos: velocidades, gente de todo el mundo, lenguas, miradas furtivas, desdén, curiosidad.

Tomó un taxi, llegó a la habitación del hotel. El baño disponía de un espejo, enorme, en comparación con el que tenía en casa, donde solamente enmarcaba su rostro. Se desnudó, miró su figura completa, su carne flácida, las dos cesáreas—ningún hijo quiso salir naturalmente a pesar de la yoga. Tenía 50 años. Salía algo de ella y la observaba. No supo responderse cuándo abandonó la idea de viajar. Toda se había convertido en sobrevivencia, mochilas, primarias, secundarias, preparatorias, cocina, farmacia, oficina.

Puso su mano en la boca y lloró coma si alguien hubiera muerto.

—Quizás dejé morir alga de mí —dijo en voz alta.

María Luisa abrió las persianas, via a la tarde desvanecerse en el lago donde caían los edificios de cientos de ventanas en un juego de reflejos, luces y sombras. Entró a la cama para perderse entre las sábanas blanquísimas, coma si fuera tomada por ellas en un espiral. Le regresaban, par fin, lo que había sido suyo alguna vez.

BRIGHT WHITE

SHE GOT ON BOARD. SHE WAS FASTENING HER SEATBELT WHILE waiting to hear the turbines; she imagined the pilots. It sped up and lifted off. She enjoyed leaving, reaching the clouds, blending in with them. Her eyes moistened when she wondered what had happened to that 23-year-old, what had she done with the notebooks where she would write her plans, draw the trees of each country and create fictitious maps.

They landed. She woke up. The airport was a rhythm box: speeds, people from all over the world, tongues, furtive glances, disdain, and curiosity.

She took a taxi, arrived at the hotel room. The bathroom had a mirror, huge, compared to the one she had at home, where it only framed her face. She undressed, looked at her complete figure, her flaccid skin, the two cesarean sections—no child wanted to come out naturally despite yoga. She was 50 years old. Something came out and she looked at it. She didn't know how to answer herself when she had abandoned the idea of traveling. Everything had become survival, backpacks, elementary, middle school, high schools, kitchen, pharmacy, office.

She put her hand on her mouth and wept as if someone had died.

"Maybe I let a part of me die," she said aloud.

Maria Luisa opened the blinds, saw the afternoon vanish into the lake where the buildings with hundreds of windows fell in a set of reflections, lights and shadows. She entered the bed to lose herself within the bright white sheets, as if she were taken by them in a spiral. They were giving her back, at last, what had once been hers.

LA LECTURA

A NA LEÍA A PARTIR DE LAS CINCO DE LA TARDE. HABÍA encontrado un lugar propicio para sus lecturas: la cocina. Todo en ella era completamente blanco. Antes de empezar, abría la ventana desde donde se veía el atardecer sobre un lote baldío. A esa hora, su madre se iba a sus clases de costura y su padre a su taller mecánico.

Ana caminó sobre las palabras, sacudió su mano para espantar las hormigas que querian comerse las letras. Después de las comillas, había un espejo en donde Ana se miró. Suspiró la soledad de la protagonista y no supo comó consolarla.

Ana no era fea, pero su cuerpo se había detenido en esa fase donde todavía no se forman las curvas pero ya no se es niña. Tomó un alfiler de una canasta y se pinchó el dedo. Escuchó al papel absorber la primera gota de sangre.

Cuando sus padres regresaron no encontraron a Ana, sólo a las hojas del libro aleteando.

THE READING

*A*NA WOULD READ AFTER FIVE IN THE AFTERNOON. SHE HAD found a suitable place for her reading, the kitchen. Everything in it was completely white. Before starting, she would open the window from where the sunset could be seen over a vacant lot. At that time, her mother was going to her sewing classes and her father to his mechanic workshop.

Ana traced over the words, waved her hand to scare away the ants that wanted to eat the letters. After the quotation marks, there was a mirror where Ana looked at herself. She sighed at the loneliness of the protagonist and didn't know how to console her.

Ana was not ugly, but her body had stopped maturing at that stage where curves had not yet formed, but was no longer a girl. She took a pin from a basket and pricked her finger. She listened as the paper absorbed the first drop of blood.

When her parents returned they did not find Ana, only the pages of the book flapping.

EL SUELO AMANECIÓ MOJADO

Toda la noche había llovido pero ella no escuchó el goteo en el canelón. Estaba sumergida en un sueño, donde el héroe no perdió la oportunidad de manosear a la chica que había salvado del incendio. Alguien más rizó su cabello. Despertó. Nadie estaba a su lado. Tocó su pubis, luego la cama. Tenía que cambiar las sábanas, pero antes de hacerlo, permaneció un rato mirando la mancha como si mirara el cielo.

IN THE MORNING THE GROUND AWOKE WET

It had rained all night but she didn't hear the dripping on the gutter. She was immersed in a dream, where the hero did not miss his opportunity to touch the girl he had saved from the fire. Someone else ruffled her hair. She woke up. No one was by her side. She touched her pubic area, then the bed. She would need to change the sheets, but before she did, she stood for a while looking at the stain as if she were looking up at the sky.

Rosamel Segundo Benavides-Garb

Rosamel Segundo Benavides-Garb nació en San Fernando, Chile, y emigró como joven adulto con su familia a los EE.UU. Es profesor de lengua y literatura en la Universidad Politécnica Estatal de California, *Cal Poly Humboldt*. Ha publicado ensayos y estudios en revistas académicas nacionales e internacionales. Su investigación y enseñanza se centran en la literatura hispanoamericana, literatura chicana, traducción e interpretación y métodos de enseñanza de lengua. Además ha sido un líder en la creación de programas internacionales de intercambios académicos con diferentes instituciones alrededor del mundo, incluyendo China, Ecuador, Francia, España, Senegal y particularmente Oaxaca, México, donde a través de los años ha residido con sus estudiantes y familia.

Rosamel S. Benavides-Garb was born in San Fernando, Chile, and immigrated as a young adult with his family to United States. He is a professor of language and literature in the California State University system, Cal Poly Humboldt. He has published essays and articles in academic journals nationally and internationally. His research and teaching are centered on Spanish American Literature, Chicano/a literature, translation and interpretation studies and language teaching methodology. In addition, he has been a leader in the creation of international academic exchange programs around the world, including China, Ecuador, France, Spain, Senegal, and particularly Oaxaca, Mexico, where he has resided throughout the years with his students and family.

BRRR-BRRR-BRRR…

Otra vez se despertó con el brrr-brrr-brrr de su celular y vio que aún estaba ahí… tirado en esa famosa tumba 7 de Monte Albán, rodeado de joyas de oro y jade y obsidianas y turquesas y volvió a escuchar los lejanos tambores ceremoniales de los mixtecas. Cerró los ojos brevemente, quizá para recordar algo reciente y cuando los abrió, vio que aún estaba ahí… tirado en el Zócalo de Oaxaca, justo al lado de su gran catedral colonial. Se acordó confusamente de lo que la más destacada discípula de la señora Sabina le había dicho antes de comenzar el ritual en algún lugar remoto de la sierra mazateca, que "los hongos sagrados te pueden llevar a lugares donde tu corazón quiere ir…" y vagamente se recordó de la fiesta de anoche con sus compañeros de la escuela de arqueología de verano en Oaxaca de la Universidad Politécnica de Humboldt... y cuando se despertó con el insistente brrr-brrr-brrr vio que aún estaba ahí... tirado en el medio de un bosque de milenarios árboles rojos gigantes en el norte de California y escuchó un lejano crujir, quizá chasquidos de ramas secas que se acercaban inevitablemente hacia él. Brrr-brrr-brrr... ¿Qué?

BRRR-BRRR-BRRR...

*A*GAIN, HE WOKE UP TO THE BRRR-BRRR-BRRR OF HIS CELLULAR phone and saw that he was still there — lying flat in that famous tomb number 7 of Monte Alban, surrounded by gold, jade, obsidian and turquoise jewels, and again he heard that distant Mixtec drumming. He briefly closed his eyes, perhaps to remember something recent, and when he opened them, saw that he was still there — lying flat in the Main Square of Oaxaca, just next to the magnificent colonial cathedral. Confused, he remembered what the most advanced disciple of *señora* Sabina had told him somewhere in a remote location of the Mazateca Sierra, before he began the ritual that: "the sacred mushrooms can take you where your heart wants to go." He vaguely remembered last night's party with his peers from the Oaxaca Summer Archeology School organized by Cal Poly Humboldt... and when he awoke to the persistent brrr-brrr-brrr, he saw that he was still there — lying deep in an old growth redwood forest in Northern California, and he heard a distant cracking, perhaps dried branches breaking, coming inexorably toward him. Brrr-brrr-brrr... What?

Translated by author

JG

Todo se iba dando como de costumbre, equipaje registrado, boleto digital a Oaxaca en celular, paso por seguridad biométrica expedito y sin espera y los anuncios inteligibles de los altavoces del aeropuerto de SFO, molestos, como siempre. Regresar a Oaxaca invariablemente lo llenaba de emoción. Le pareció curioso que su vuelo era el 575 ya que el número se podía leer en ambas direcciones sin cambiar su valor. Lo mismo sintió con su asiento asignado con el número 44. Brevemente le llamó la atención que la puerta de entrada era la 111 y el túnel hacia el avión era más largo de lo normal, quizá más imbricado, pero nada, quizá sea la nueva localidad del avión en una nueva ala del aeropuerto, pensó. Por alguna razón, sintió que en una bifurcación del túnel desapareció la gente que iba con él al embarque, pero no se preocupó porque ya le había pasado esto antes. Fue inusual que su entrada estuviera conectada a la cola del avión, pero nada, por ahí entró. Se encontró con el ruido y caos de costumbre de los pasajeros que embarcan y buscan sus asientos en un vuelo internacional. Buscaba caras conocidas de Oaxaca, pero esta vez no encontró a nadie. Por primera vez se dio cuenta que los auxiliares de vuelo parecían extremadamente jóvenes y pulcros, casi perfectos y con uniformes de colores ondulantes como camaleones. "Intrigante", se dijo y recordó los alebrijes de San Martín Tilcajete y esbozó una leve sonrisa. Lentamente navegó el tumulto y llegó a su fila para descubrir que una persona ya estaba sentada en su asiento.

Cortés y amable como siempre, se acercó al señor del asiento y vio curiosamente a un señor que podría ser su hermano gemelo, pero él no tenía un hermano gemelo. No pudo ocultar su desconcierto y menos aún al ver la manera de cómo el señor reaccionaba a su presencia. Automáticamente ambos mostraron sus celulares con los pasajes digitales y en ambos se leía el mismo asiento y el mismo nombre, "44D" y "D44", "Jaime Galicia". Ambos se escucharon decir al mismo tiempo, "¿Es usted Jaime Galicia?" "Sí", "Yes". Un auxiliar se percató de la situación y a una velocidad electrizante llamó por refuerzos especiales. Tres auxiliares aparecieron de la nada y lo tomaron en andas fuera del avión (¿A dónde?). Jaime Galicia no alcanzaba a comprender lo que le había ocurrido en ese momento o si algo le había ocurrido a él del todo. Finalmente en el asiento, lívido y estremecido decidió tomar su medicina para la hipertensión arterial. Sacó una cápsula de cierto color azul y la tragó rápidamente con una cierta bebida que había aparecido, cortesía del auxiliar de vuelo, quizá. Se relajó en su asiento y comenzó a soñar… con los magníficos danzantes de la pluma de Cuilápam… como-si-estuviera-en-Oaxaca…

JG

*E*VERYTHING WAS GOING AS USUAL: CHECKED BAGGAGE, digital boarding pass to Oaxaca, expeditious biometric security, and the unintelligible announcements from the SFO airport speakers. Returning to Oaxaca invariably filled him with excitement. He found it curious that his flight number was 575; the number could be read in both directions without changing its value. He felt the same about his assigned seat with the number 44. It briefly struck him that the entrance gate was number 111, and the tunnel to the plane was longer than normal—not a big deal. Perhaps, he thought, this was due to the location of the plane in the new wing of the airport. For some reason, all the people in the tunnel who were going with him to board disappeared, but he did not worry because this had happened to him before. It was unusual for the entrance to be connected to the tail of the plane, but not a big deal. That is where he entered. He was met with the usual noise and chaos of passengers boarding and looking for their seats on an international flight. He was looking for familiar faces from Oaxaca, but this time he didn't find anyone. For the first time, he noticed that the flight attendants looked extremely young and neat, almost perfect, wearing uniforms of undulating colors like chameleons. "Intriguing," he said and remembered the *alebrijes* of San Martín Tilcajete with a half-smile. He slowly navigated the tumult and came to his row to find someone already occupying his place. Polite and amiable as always, Jaime Galicia approached the seat and saw a gentleman who could be his twin brother, but he did not have a twin brother. He could not hide his bewilderment, and even less so when he saw the way the man reacted to his presence. Automatically, both showed their cell phones and both read the same seat and the same name, "44D" and "D44," "Jaime Galicia." Both heard the other ask at the same time, "Are you Jaime Galicia?" "Yes," "*Sí*." A flight attendant noticed the situation and with electrifying speed called for special reinforcements. Three associates appeared out of nowhere and carried him off the plane (Where to?). Jaime Galicia could not understand what had happened at that moment, or if something had happened at all. Finally, seated and shaken, he decided to take his medicine for hypertension. He swallowed a small bluish pill with a certain drink that had appeared courtesy of the flight attendant, perhaps. He relaxed in his seat and began to dream... of the magnificent feather dancers of Cuilápam... as if he were in Oaxaca...

Translated by author

EL REGRESO, AÑO 5.806

Cuando se despertó, Benito corrió intuitivamente hacia el muro transparente de su bóveda de cristal enclavada en los límites más altos y secretos de la sierra norte de Oaxaca, por el área de Ixtlán quizá. En el silencio absoluto de su diáfana cueva cibernética sólo se escuchaba el tenue goteo subterráneo de una vertiente invisible. Se detuvo atónito y paralizado al ver por primera vez aquello afuera, al aire libre.... En un segundo Benito se dio media vuelta y voló, flotando por un laberinto de galerías asépticas hasta traspasarse a su biblioteca virtual. Puso su dedo índice en el escáner-lingua y automáticamente se transcribió su pensamiento a su bitácora digital con precisión científica. Todo dicho en aquella lengua zapoteca milenaria... "21 de marzo de 5.806. Hoy han regresado las mariposas".

Nota del editor: "Benito" es un nombre popular en Oaxaca, México, y también es el nombre del primer presidente indígena, de origen zapoteco, de México y América Latina. Benito Juárez nació el 21 de marzo de 1806 en Guelatao en la sierra norte de Oaxaca.

THE RETURN, YEAR 5,806

When he woke up, Benito instinctively ran toward the transparent wall of his crystal dome, wedged and hidden at the highest altitude of the north mountain range of Oaxaca, perhaps in the area of Ixtlan. In the absolute silence of this luminous cybernetic cave, one could hear the faint dripping of an invisible underground spring. Benito came to a stop, astonished and paralyzed, when he saw for the first time that thing outside, in the open air.... In a split second, he turned around and flew, floating through a maze of antiseptic hallways until he reached his virtual library room. He placed his index finger on the lingua-scanner, and his mental dictation was automatically transcribed to his digital log with scientific accuracy. Everything was said in the ancient Zapotec language… "March 21, 5,806. Today, the butterflies have returned."

Editor's Note: "Benito" is a popular name in Oaxaca, Mexico. In addition, it is the name of the first indigenous president, a Zapotec descendent, of Mexico and Latin America. Benito Juarez was born on March 21, 1806 in Guelatao in the north mountainous sierra of Oaxaca.

Translated by author

Lilianet Brintrup Hertling

LILIANET BRINTRUP HERTLING nació en Chile y reside en Estados Unidos. Realizó su Doctorado en The University of Michigan, Ann Arbor. Enseñó Lengua Española y Literatura Hispanoamericana en Cal Poly Humboldt. Su escritura se centra en poesía y en investigación literaria de viajes. Ha escrito más de 40 artículos publicados, los libros: *Viaje y Escritura*, *Crónicas y Reseñas*; Ha publicado textos de investigación sobre Lexicografía, Migración/Inmigración y Derechos Humanos; y cinco poemarios: *En tierra Firme*, *Amor y Caos*, *El Libro Natural*, *Quiebres en California*, *Chile, en particular* y la antología: *Migraciones de la sangre*. Ha sido presidenta y organizadora de congresos y simposios internacionales.

LILIANET BRINTRUP HERTLING was born in Chile and resides in the United States. She obtained her doctorate at University of Michigan, Ann Arbor. She taught Spanish and Literature at Cal Poly Humboldt. Her writing focuses on poetry and travel literature research. She has written more than 40 published articles; the books: *Viaje y Escritura, Crónicas,* and *Reseñas.* She has written works on Lexicography, Migration/Immigration, and Human Rights; and five books of poetry: *En tierra Firme, Amor y Caos, El Libro Natural, Quiebres en California, Chile, en particular,* and the anthology: *Migraciones de la sangre.* She has been president and organizer of international conferences and symposiums.

SANTA DIRECCIÓN

Se ñor, le digo, ¿me podría usted decir dónde está la *Iglesia de la Superficialidad?*

Mire *güerita,* usted agarre todo derecho por Santos Degollado hasta que dé usted con pared; se va por la sombrita, porque el sol pega fuerte en estos días; ahí se va a encontrar con la *Iglesia de la Merced,* ésa no; usted sigue unas tres cuadras hacia allá; de nuevo otras tres cuadras y de ahí hacia allá; ya verá usted la iglesita blanca de la *Virgen de la Soledad,* ésa no, pero usted siga otras tres cuadras para acá, ahí mismo la encontrará usted, pero … ¿cómo dice usted *güerita* que se llama la iglesia que usted busca?

Superficialidad, repito con seriedad.

Mire güerita, ah, la verdad-verdad es que no me acuerdo muy bien donde está, pero usted puede preguntar por ahí no más, alguien le dará a usted buena razón de la … ¿cómo dice pues que se llama la iglesia que usted busca?

Superficialidad, vuelvo a repetir.

Sí, esa misma pues.

Mire *güerita*, yo voy para ese rumbo, la acompaño y así hace que yo aprenda dónde está esa santa dirección.

Y encaminándonos juntos, me escucho decir: ¡Órale pues!

HOLY ADDRESS

"Sir," I ask, "could you tell me where the Church of Superficiality is?"

"Look *güerita*, you go straight on *Decapitated Saints* until you hit a wall; go along the shade, because the sun hits hard these days; there you will find the *Church of The Mercy*, not that one; you continue about three blocks that way; again another three blocks and from there to here; You will see the little white church of the *Virgin of The Solitude*, not that one, but you go another three blocks this way, you will find it right there, but... what do you say was the name of the church you are looking for, *güerita*?"

"Superficiality," I repeat seriously.

"Look *güerita*, ah see, the truth is that I don't remember very well where it is, but you can just ask around there, someone will give you a good way for... what did you say pues, what is the name of the church you are looking for?"

"Superficiality," I repeat.

"Yes, that same one."

"Look *güerita*, I'm going in that direction, I'll accompany you and that way I'll learn where that holy address is."

And as we walk together, I hear myself say: "Alright then!"

Víctor de la Cruz Pérez

Víctor de la Cruz Pérez (1948-2015), poeta y académico hablante del zapoteco, nativo del istmo oaxaqueño. Cómo muchos jóvenes mexicanos, estudió en la ciudad de México en la UNAM, donde se licenció como abogado. Ya en plena madurez académica obtuvo el doctorado en Estudios Mesoamericanos. Promotor cultural, fue director de la Casa de la Cultura del Istmo y de la célebre revista *Guchachi´reza*, (*Iguana Rajada*), proyectos vinculados con el pintor, Francisco Toledo. De su amplia producción bibliográfica destaca la antología titulada *La flor de la palabra*, con varias ediciones. Al morir era miembro de la Academia Mexicana de la Lengua.

Víctor de la Cruz Pérez (1948-2015), Zapotec-speaking poet and academic, native of the Oaxacan isthmus. Like many young Mexicans, he studied in Mexico City at the *Universidad nacional autónoma de México* (UNAM, by its initials in Spanish), where he graduated as a lawyer. Already in full academic maturity he obtained a doctorate in Mesoamerican Studies. As a Cultural promoter, he was director of the Casa de la Cultura del Istmo and of the famous magazine *Guchachi´reza, (Iguana Rajada* - The Sliced Iguana), projects linked to the painter, Francisco Toledo. In his extensive bibliographical works, the anthology titled *La flor de la palabra*, stands out with its various editions. When he died, he was a member of the Mexican Academy of Language.

EL QUE FUE A APRENDER A MENTIR

Había uno antes —cuentan— que quería aprender a mentir.

Se lo dijo a su padre.

Su padre le contestó:

—Voy a mandarte con el maestro de los mentirosos de nuestro pueblo para que vea si puedes aprender.

Cuando llegó a donde estaba el maestro, éste le dijo:

—Veremos si tienes vocación. Vamos a empezar ahora mismo.

¿Ves esas hormigas que están peleando sobre aquel cerro?

—No —dijo el aprendiz—, no las puedo ver porque estoy mal de la vista; pero si oigo el ruido que hacen cuando chocan.

Entonces el maestro le dijo:

—¿Y cómo quieres que te enseñe? Ve a ver a quien engañas. Tú ya sabes, lo único que pretendes es venir a engañarme.

THE ONE WHO WENT TO LEARN HOW TO LIE

*T*HERE WAS ONCE A BOY, THEY SAY, WHO WANTED TO LEARN how to lie.

He said this to his father.

His father replied:

"I'm going to send you to the teacher for liars in our town to see if you can be taught."

When he got to where the teacher was, he said to him, "We'll see if you have a knack for this. Let's start right now."

"Do you see those ants that are fighting on that hill?"

"No," said the apprentice, "I can't see them because I have poor eyesight; but I do hear the noise they make when they crash into one another."

Then the teacher said:

"So, how do you want me to teach you? Go see who you can fool. You already know how, the only thing you want to do is to come and deceive me."

LAS SANDÍAS

Ramón tuvo el caballo más famoso de Juchitán ¿La razón? Esta es. Ramón era campesino y de vez en cuando recogía maíz y ajonjolí en su milpa. Su vida fue la de un campesino más hasta que le ocurrió la buena suerte con su caballo.

La gente se preguntó de qué manera se había hecho rico Ramón. Se preguntaban si había encontrado alguna urna con oro o algún otro tesoro.

Ramón explicó su buena ventura de esta manera: Un día amaneció con lluvia y mi caballo y yo estábamos en la milpa. La lluvia era tan fuerte que levantaba el pasto de la tierra. En eso levantó un montón de semillas y una de estas semillas fue a dar sobre el lomo del caballo.

Poco tiempo después la semilla germinó y se hizo una gran mata de sandía que dio varios frutos. El caballo casi no se veía entre las sandias que crecían y daban encima del caballo.

De ese modo, decía Ramón, me vino la suerte. Pues en vez de una milpa ahora tengo dos que me dan de comer.

THE WATERMELONS

Ramón had the most famous horse in all of Juchitán. The reason? This is it. Ramón was a farmer and from time to time he collected corn and sesame seeds in his *milpa*. His life was that of a farmer until good luck happened to him because of his horse.

People wondered how Ramón had become rich. They wondered if he had found an urn with gold or some other treasure.

Ramón explained his good luck this way: One rainy morning, my horse and I were in the *milpa*. The rain was so strong that it lifted the grass off the ground. At that moment it lifted up a bunch of seeds and one of these fell on the horse's back.

Some time later the seed germinated and became a large watermelon plant that gave several fruits. The horse could hardly be seen underneath the watermelons that grew on top of the horse.

"That's how," Ramón said, "luck came to me. Because, instead of one *milpa*, now I have two that feed me."

STIIDXA' XANDIE

Ramún di' la? Gupa ti mani' jma nandxó' biuu guidxi stinu. ¿Xiñee la? Ndi' nga stiidxa' me. Ramún di' la? nácabe binni ra ñaa ne gatigá ruguube xuba' ne biidxi' za. Nabánibe sica nabani binni ra ñaa, nisi beeda guendanayeche' sitibe ne mani' di'

Guirá' binni ridxagayaa xiixa bi'ni' be ti gúapabe bidxichi. Rinaba' diidxa'cabe pa bidxélabe bidxichi, pa xiixa laa.

Ramún guni' guendanayeche' sti': "Ti dxi birá gueela' cayaba nisaguié ne nuaaniá' mani' stinne ra ñaa. Cayaba nisaguié que naro'ba de pe' rindisa gui' xhi' layú Málasi biasa ti bi gundisa' stale biidxi'ne ti biidxi' di yenguiábani deche mani' stinne'.

Gudi'di´dxi, dxa biidxi' que gundani ne gúacasini ti lubá' xandié. Mani' que la? Ni pe' qui rihuinni nuu xaguete'ca lubá' xandié ni gundani ne bigaa deche mani' que"

Zaqué —rini' Ramún— beeda xquendayeche' stinne'. Yanna mápeca chupa ra ñaa napa' cuyaana' naa."

James Ephraim Gaasch

JAMES EPHRAIM GAASCH creció en un rancho de California llamado Alcalde en el oeste del Valle de San Joaquín y enseñó en el Departamento de Lenguas y Culturas del Mundo en Cal Poly Humboldt, California, hasta su jubilación. Ha vivido en Madrid y Comillas, España; Rabat, Marruecos y Dakar, Senegal. Actualmente reside en Ashland, Oregón, desde donde realiza extensas visitas a Oaxaca, México.

(FOTO POR CHARLOTTE THOMPSON)

Sus publicaciones incluyen: *Diversité, La Nouvelle francophone* (con Valérie Budig-Markin); *Anthologie de la nouvelle maghrébine; La Nouvelle Sénégalaise*, y *African Masks of Burkina Faso and Mali, A Trilingual Edition* (con Rosamel S. Benavides-Garb, Joseph C. Diémé and Erica Botkin).

JAMES EPHRAIM GAASCH, raised on the California ranch Alcalde in the western San Joaquin Valley, taught in the Department of World Languages and Cultures at Cal Poly Humboldt, California, until his retirement. He has lived in

Madrid and Comillas, Spain; Rabat, Morocco, and Dakar, Senegal. He currently resides in Ashland, Oregon, with long visits to Oaxaca, Mexico.

His publications include: *Diversité, La Nouvelle francophone* (with Valérie Budig-Markin); *Anthologie de la nouvelle maghrébine; La Nouvelle Sénégalaise,* and *African Masks of Burkina Faso and Mali, A Trilingual Edition* (with Rosamel S. Benavides-Garb, Joseph C. Diémé and Erica Botkin).

ALGO

Podría ser útil. Algo siempre es mejor que nada. Pensé que sería fácil encontrar una vela de cera en Oaxaca, una vela votiva con mecha, no una vela LED sin llama. Llevaba mucho tiempo buscando una vela para encenderla para mi sobrino, hospitalizado e intubado durante esta última semana en el norte de California. Me enteré que hay una mujer en la Catedral que podría proporcionarme una vela así.

En esta calurosa tarde de abril, las piedras de cantera verde de la Catedral seguramente le ofrecerán refugio a un forastero. Pero estoy decepcionado; la mujer de las velas no está aquí hoy, o al menos no a esta hora. Me siento en el banco justo frente a la capilla, donde descansan los restos de la Santa Cruz de Huatulco. Quedo absorto en la contemplación de la Cruz. Por un momento me siento perdido, sin embargo debería perseverar en la búsqueda de las velas.

Decido tratar de encontrar al sacerdote en su oficina; tal vez él me pueda ayudar. Allí, me encuentro con un hombre con otro problema. Ha venido a explicar su urgente necesidad de llevar a su nieta al otro lado de la frontera para recibir atención médica en San Diego. Su hija ha muerto y ha dejado a la pequeña a su cuidado.

 Se abre una puerta interior. Aparece el sacerdote. Su amable rostro llena la habitación. Él pregunta cómo puede ayudarnos. Se lo explicamos. Nos deja y regresa en seguida con dos velas pequeñas y a medio consumir; haciendo al mismo tiempo un gesto de que no le debo nada. Me despido y oigo al abuelo preguntar,

 "¿Puede ayudarme a escribir una carta, Padre?"

 Vuelvo a entrar en la nave y enciendo mis velas en un altar lateral. Luego, miro de nuevo la Santa Cruz de Huatulco, recordando los muchos siglos que ha atravesado, persistiendo a través de la pérdida y la recuperación. Quizás mis velas también podrían llevar un mensaje de sanidad perdurable. Quizás. Misterios y misterios.

 Salgo a la noche oaxaqueña. Un amigo, recuerdo, acaba de perder a su esposa. Ha sido visitado por la noche por un gato callejero que viene a acostarse calientito a su lado. Durante estas visitas, siente la presencia cariñosa de su esposa.

 Esto podría ser, ¿no?

Traducido por el autor

SOMETHING

It could be helpful. Something is always better than nothing. I thought it would be easy to find a real wax candle in Oaxaca, a votive candle with a wick, not a LED flameless. I'd been searching for a candle to light for my nephew, hospitalized and intubated for the last week in Northern California. There's a lady, I'd learned, in the Cathedral who could provide me with such a candle.

On this hot April afternoon, the cathedral's green stones will surely offer refuge to a stranger. But I'm disappointed; the candle lady is not here today, or at least not at this hour. I sit down on the bench just opposite the chapel, where the remains of the Santa Cruz de Huatulco rest. I gaze intently at the Holy Cross. For a moment I feel stuck, but then I continue.

I decide to seek out the priest in his office; maybe he can help me. There, I meet a man with another problem. He's come to explain his urgent need to take his granddaughter across the border for medical care in San Diego. His daughter has died and has left the little girl in his care.

An interior door opens. The priest emerges. His kind face fills the room. He asks how he can help. We each explain. He leaves us, quickly returning with two small, half-burned candles; gesturing at once that I owe him nothing. I say my goodbyes and hear the grandfather ask,

"Can you help me write a letter, Father?"

I reenter the nave and light my candles at a side altar. Then, I look again at the Holy Cross of Huatulco, reminded of the many centuries it has traversed, persisting through loss and recovery. Maybe my candles will also carry a timeless, healing message. Maybe. Mysteries and mysteries.

I walk outside into the Oaxacan evening. A friend, I remember, has just lost his wife. He's been visited at night by a stray cat, coming to lie warm next to him. During these visits, he feels the caring presence of his wife.

This could be, couldn't it?

UNA TARJETA POSTAL DE OAXACA

Abril, 2022

PARA RENÉ BUSTAMANTE
Y KELLY JOHNSTON

Querida familia,

Con vistas al Zócalo, la terraza de un restaurante en el segundo piso. Empecé aquí una postal hace unos cuarenta años. Aquel día, como ahora, le pido a "D" que me traiga dos entrantes, espinacas a la crema y croquetas de jamón serrano.

En la plaza faltan algunos árboles de laurel de Indias. ¿Por culpa de fuertes vientos, lluvias torrenciales o raíces podridas? Desde abajo, la música de marimba amortigua las voces de los turistas. Y abajo los vendedores se paran, toldo a toldo, lona a lona, entre sus mercancías.

Codos sobre el mantel de lino blanco, escribo un rato más mi postal no enviada. "D" traerá pronto mis platos de espinacas y croquetas. Cada uno vendrá en platos entibiados de la cocina del nuevo chef.

La semana pasada asesinaron a Arcadio Alcázar Fuentes. Ahora Oaxaca lamenta su pérdida. "El arte de un chef desaparece", leí en los periódicos locales.

Como mis espinacas a la crema y mis croquetas de jamón serrano han llegado a la mesa, concluyo con estas líneas.

Abrazos fuertes,
James

Traducido por el autor

A POSTCARD FROM OAXACA

April, 2022

*FOR RENÉ BUSTAMANTE
AND KELLY JOHNSTON*

Dear family,

Above the Zócalo, the terrace of a second-story restaurant. I began this postcard here some forty years ago. Then, as now, "D" will serve me a first course of cream spinach and a plate of serrano ham croquetas.

Today, a few Indian Laurel trees are missing from the Plaza. High winds and torrential rains and rotted roots? Marimba music muffles tourist voices rising from below.

Elbows on a white linen tablecloth, I write a while longer on my unsent postcard. "D" will soon bring me my cream spinach and croquetas. Each will come on warmed plates from the kitchen of the restaurant's new chef.

Last week, they assassinated Arcadio Alcázar Fuentes. Now, Oaxaca grieves its loss. "A chef's artistry disappears," I read in local papers.

As my cream spinach and croquetas have arrived, I close these lines.

Strong hugs,
James

TRANSICIONES EN OAXACA

H HABÍA ESTADO DESEANDO QUE LLEGARA LA TARDE DEL día nueve. M lo había invitado a la inauguración de la exposición, *Diálogo sobre el galope*, que contaría con obras de una artista visual mexicana y del fotó grafo inglés Eadweard Muybridge. La noche de apertura del evento fue en el Centro Fotográfico Manuel Álvarez Bravo. H llegó tarde. M ya había hablado y presentado a S. H cruzó el umbral, entró en el patio morisco y se encontró con la presencia calmante del agua quieta con reflejos del atardecer.

Un siglo y medio antes en San Francisco, Muybridge había sido contratado por Leland Stanford, un barón de los ferrocarriles norteamericanos, para saldar una apuesta con un amigo suyo. Todos los cascos de un caballo al galope están, en un punto, completamente en el aire, sostenía Stanford. Al final, Stanford ganó la apuesta gracias al uso de múltiples cámaras y lentes de Muybridge que capturaron, en momentos precisos, los cascos voladores del caballo.

M, un periodista internacional, descansa a la orilla del agua, hablando demasiado bajo para que H lo oiga bien. Han pasado décadas; M no ha cambiado. Dos invitadas se inclinan para oír mejor las palabras de M:

—Estamos aquí esta tarde…. Bueno, es la palabra 'sombra',…. Sabes a lo que me refiero… para esta exposición… esa no será la historia de esta noche. La historia de fondo no se puede estropear....Lo que cuenta ahora es la obra de S y la de Muybridge.

H gira a su izquierda. Dos señoras elegantemente vestidas están hablando, muy cerca de H:

—R y K no están aquí.

—No. R fue picado por avispas negras hace unos días y fue abatido por el ataque. Raro, ¿no?

—Sabes lo molesto que estaba R cuando se enteró de esto, sabes a lo que me refiero, lo que le pasó a S. Es un hombre sensible.

—¿Por qué, oh por qué, hay tanta violencia en estos días? Tanto dolor en tanta gente.

—Oí a M decir que la violencia siempre parece estar presente aquí en México, una especie de 'sombra colectiva', resaca de la Conquista.

—Y toda nuestra larga violencia interna—Independencia y Revolución—y sobre la mujer mexicana.

—¿Estás segura de que M dijo eso?

—¡Sí, dijo eso! Un hombre también puede tener razón, ¿no?

—Creo que será mejor que vayamos ya a ver la obra de S, ¿no? Se está llenando de gente.

H sigue adelante; quiere hablar con A sobre un proyecto actual, pero su camino está bloqueado. Conocido por sus escritos sobre la historia social mexicana, A habla, rodeado de fervientes oyentes. H no puede oír todo lo que dice A, pero sabe que se trata de J y su fotografía, probablemente sus documentales sobre las mujeres afromexicanas:

—Claro, el trabajo de J está relacionado con la obra de S. J ha estado explorando desde una perspectiva feminista, las decisiones que toman las mujeres. Me refiero a las decisiones que se ven obligadas a tomar, viviendo dentro de sus limitaciones culturales. Sus fotografías,..... Sus entrevistas con mujeres indígenas... tabúes.... Esas decisiones forzadas a las que se enfrentan las mujeres.

A da la espalda, y H ya no puede oírlo. J está junto a H ahora, hablándole en voz baja, casi susurrándole:

—A quisiera hablar contigo, H. ¿Por qué no lo interrumpes?

—Oh, no me sentiría cómodo haciendo eso. Hablaré con él en otro momento. ¿Qué has estado haciendo, J?

—Bueno, estoy emocionada; me han invitado a filmar el rodaje de una película en la Sierra Sur, pero te contaré más sobre esto, cuando regrese en unas semanas.

Antes de que H abandone el Centro Fotográfico, se detiene frente a *Transición*, una pieza grande de cerámica de S: quizás, reflexiona, aquí es donde S y Muybridge comparten otro momento creativo. Un hombre desnudo, anónimo, de un blanco vidriado sobre un fondo negro, pasa por encima de un estanque rojo y parece estar listo para ascender unas escaleras lejanas. Parado, (¿sólo momentáneamente?) el hombre puede estar moviéndose hacia algo. ¿Hacia qué? Extraordinario en lo cotidiano: un relato frágil, suspendido en un momento preciso. La mirada de S: fragmentos blancos, negros y rojos de un mundo masculino.

H sale del Centro y regresa a su hotel, sólo a pocas cuadras. Allí, después de dos tragos de mezcal, y a través de una niebla de alcohol, H escucha el audio que le envió M, su entrevista con S. Primero, S responde a la pregunta de M sobre el uso de imágenes secuenciales de Muybridge y su visión artística de la impermanencia:

—El hecho de que yo haya trabajado a partir de fotografías de Muybridge y de otros fotógrafos, se debe a que estaba haciendo una revisión sobre la memoria y *la sombra colectiva*.

Aquí hay silencio. ¿Una pausa en el audio? Se le cae a H el lápiz afilado, lo busca a tientas. El audio continúa; H se agacha y, finalmente, de rodillas debajo de su escritorio, busca ciegamente algo puntiagudo. No puede encontrarlo. De debajo del escritorio las palabras se le escapan a H, fragmentos resbaladizos. H, atrapado por la presión, encajonado, imagina que todavía está garabateando, incluso sintiendo las palabras, su tejido. Sí. ¡Él está logrando algo! S está respondiendo:

—El tiempo parece desfasado…. La asimetría en mi obra… un proceso intuitivo… series infinitas de diarios de cabellos… como un bucle, una ida y vuelta entre el objeto real y su representación…abren posibilidades a nuevas lecturas… casi siempre parte de situaciones autobiográficas… que es muy lúdico, también… hay una respuesta ante el antropocentrismo, al patriarcado.

Solo, tal vez horas después, desnudo, con las piernas estiradas debajo de su escritorio, H duerme, un sueño ambarino. El consuelo del mezcal, más tragos, calienta la habitación. El audio se ha parado. Páginas reducidas, arrancadas de la encuadernación del catálogo; los restos de *Diálogo sobre el galope* yacen cerca.

Horas incontables, H se despierta. Fragmentos y pedazos de las palabras de S, rectángulos de papel cuidadosamente cortados, pegados alto en la pared oscura, tijeras afiladas cerca.

Días después, H regresa al Centro Fotográfico para volver a ver el trabajo de S, pero a esta hora de media mañana, un lunes, niños de escuela con uniformes azules y delantales multicolores ocupan todas las salas de exhibición. Sonriendo y comentando, sus maestros se pasean de mesa en mesa. Los niños, deben de tener diez años, dibujan y copian los animales y humanos en movimiento y las figuras en cerámica, papel y plástico que ven. H pasa desapercibido. Cada niño ha captado, creado una versión de las obras de S y Muybridge. Algunas de sus páginas están casi en blanco; algunas están rellenas de borde a borde con diferentes representaciones de la misma pieza. Un niño, mirando fijamente la *Transición* de S, ha dibujado una figura solitaria de palitos con las extremidades estiradas en movimiento suspendido.

Traducido por el autor

TRANSITIONS IN OAXACA

H AD BEEN LOOKING FORWARD TO THE AFTERNOON OF THE ninth. M had invited him to the opening of the exhibition, *Dialogue on the Gallop*, that would feature works by a Mexican visual artist and the English photographer Eadweard Muybridge. Opening night of the event was at the Centro Fotográfico Manuel Álvarez Bravo. H arrived late. M had already spoken and introduced S. H crossed the threshold, stepped into the Moorish courtyard and met the calming presence of still, reflective water.

A century and a half earlier in San Francisco, Muybridge had been engaged by Leland Stanford, the North American railroad baron, to settle a wager with a friend. A galloping horse's hooves are, at one point, completely in the air, Stanford contended. As it turned out, Stanford won the bet thanks to Muybridge's use of multiple cameras and lenses that captured, at precise moments, the horse's flying hooves.

M, an international journalist, rests at water's edge, speaking too softly for H to hear well. It has been decades. M hasn't changed. Two women guests lean into M's words, muffling all but fragments:

—We're here this afternoon.... Well, it's the word 'sombra,' dark, that.... You know what I mean... for this exhibit... that won't be tonight's story. The back-story can't ruin.... What counts now is S's work, and these two artists.

H turns to his left. Two smartly dressed women speak, pressed at his elbow:

—R and K aren't here.

—No. R was stung by black wasps a few days ago and was laid low by the attack. Weird, no?

—You know how upset R was when he heard of this—you know what I mean—what happened to S. He's a sensitive man.

—Why, oh why, is there so much violence these days? So much pain for so many people.

—I heard M say that violence always seems to be here in Mexico, a kind of 'sombra colectiva,' hangover from the Conquest.

—And all our long internal violence—independence and revolution—and to Mexican women.

—Are you sure that M said that?

—Yes, he said that! A man can be right, too, no?

—I think that we'd better go look at S's works now, don't you? It's getting crowded.

H moves on; he wants to speak with A about a current project, but his way is blocked. Known for his writings on Mexican social history, A holds forth, surrounded by ardent listeners. H can't hear everything A is saying, but knows it's about J and her photography, probably her documentaries on Afro-Mexican women:

—Sure, J's work is related to S's art. J has been exploring from a feminist perspective the decisions women make. I mean the decisions they're forced to make, living within their cultural constraints. Her photographs,… Her interviews with indigenous women.... Taboos.... Those forced decisions that women confront.

A turns his back, and H can no longer hear him. J is standing next to H now, speaking softly, almost whispering to him:

—A would like to speak with you, H. Why don't you interrupt him.

—Oh, I wouldn't feel comfortable doing that. I'll just talk to him another time. What have you been doing, J?

—Well, I'm excited; I've been invited to film the making of a movie in Sierra Sur. But I'll tell you more about it, when I get back in a few weeks.

Before H leaves the Centro Fotográfico, he pauses to stand in front of *Transition*, S's large ceramic piece: Maybe, he reflects, this is where S and Muybridge share another creative moment.

Naked, anonymous, glazed white against a backdrop of black, a man steps over a red pool and appears ready to ascend distant stairs. Stopped (only momentarily?), the man may be moving toward something. Towards what? Extraordinary in what is commonplace: a fragile narrative, suspended at a precise moment. S's gaze: white, black and red shards of a masculine world.

H leaves the Centro and returns to his hotel, just a few blocks away. There, after two shots of mezcal, through a fog of alcohol, H listens to the audio that M sent him, his interview with S. First, S responds to M's question about Muybridge's use of sequential images and his artistic vision of impermanence:

—The reason that I'd been working with photographs of Muybridge and other photographers is because I was really investigating memory and the collective shadow (la sombra colectiva).

Here there's silence. A break in the audio? H fumbles, drops his sharpened pencil. The audio continues; H stoops over and, finally, on hands and knees under his desk, gropes hard for something pointed. He can't find it. From under the desk, he grasps for words, any bits and pieces of what S is saying. H, caught tight, boxed in, imagines he's still scribbling, even feeling the words, their fabric. Yes. He's getting something! S is answering:

—Time becomes dysphasic.... The asymmetry of my work.... an intuitive process... an endless series of hair diaries... like a loop, back and forth between the real object and its representation.... open up possibilities for new readings.... almost always starts from autobiographical.... but very whimsical, as well... there is a response to anthropocentrism, to patriarchy.

Alone, maybe hours later, naked, legs stretched out from under his desk, H sleeps—an amber slumber. The solace of mezcal, more shots, warms the room. The audio has stopped. Pages spent, ripped from their catalogue binding; the remains of *Dialogue on the Gallop* lie close by.

Uncounted hours, H awakens. Bits and pieces of S's words, neatly cut paper rectangles, cling high to the dark wall, sharp scissors nearby.

Days later, H returns to the Centro Fotográfico to look again at S's work. But at this midmorning hour on a Monday, school kids in blue uniforms and multicolored aprons occupy all the exhibit rooms. Their teachers walk from table to table, smiling and commenting. These kids, maybe ten years old, draw and copy the figures they see in ceramic, paper and plastic, the animals and humans in locomotion. H moves among them unnoticed. Each child has captured, created a version of the works of S and Muybridge. Some of their pages are almost blank; some are filled, edge to edge, with different renderings of the same piece. One kid, staring at S's *Transition*, has drawn a solitary stick figure, limbs outstretched in suspended motion.

Pergentino José

PERGENTINO JOSÉ. (Oaxaca, México 1981). Es autor de *Y supe qué responder, Nyak mbkaabna* (SEP, 2006) en versión bilingüe zapoteco-español. En 2012 publicó el libro de relatos *Hormigas rojas* (Editorial, Almadía) y en 2016 el poemario *Ye' ntii Flor de zarzamora* (Calamus, 2016). Ha sido miembro del Sistema Nacional de Creadores de Arte emisión 2017. En 2020 salió la traducción al inglés de *Hormigas rojas (Red ants)* en la editorial Deep Vellum de Dallas, Texas.

PERGENTINO JOSÉ. (Oaxaca, México 1981). He is the author of *Y supe qué responder, Nyak mbkaabna* (SEP, 2006) in the bilingual Zapotec-Spanish edition. In 2012 he published the book of stories *Hormigas Rojas* (Editorial, Almadía) and in 2016 the collection of poems *Ye' ntii Flor de zarzamora* (Calamus, 2016). He has been a member of the National System of Art Creators, 2017. In 2020, the English translation of *Hormigas Rojas (Red Ants)* was published by Deep Vellum Publishing House in Dallas, Texas.

PÁJARO DE LA MEDIANOCHE

*E*L JUGLAR SE ACERCA A LA JAULA DEL CONDENADO DANDO brincos, gritando para que la gentese congregue:

—¡Acérquense!, ¡acérquense!, ¡acérquense!, estimados caballeros. Este día es de luto y de gloria. Nuestro príncipe ha muerto, pero aquí tenemos al hombre que lo mató—y señala al condenado, quien está sentado en una esquina de la jaula, recargado sobre los barrotes de hierro; tiene el cuerpo arqueado y tembloroso.

El juglar continúa su discurso:

—El luto invade a todo el reino, roguemos por el alma bondadosa de nuestro príncipe, protector de estas aldeas. Su cuerpo aún yace en el palacio para los protocolos funerarios que marca la tradición, pero hoy estamos aquí para mirar cómo se hace justicia en este reino.

La jaula está colocada sabre un armazón de madera, cerca de la piedra circular de las ejecuciones; alrededor hay una valla para contener a las personas. El juglar se empeña en dar sus saltos alrededor de la jaula, apenas alzando su pie del piso. Luego se detiene un momento para dar la siguiente versión de lo acontecido.

—Nuestro valiente príncipe estaba defendiendo la guarnición de la parte noroeste de la ciudad, cuando las despiadadas tribus bárbaras irrumpieron tras la muralla; el príncipe, antes de huir o retraerse permitiendo que esas huestes pasaran por la muralla, los enfrentó sin el protocolo de guerra. Fue una batalla de grandes dimensiones, entre sus pertrechos de guerra ellos traían toros. Sí, honorables caballeros que me escuchan, coma miembro de tribus antiguas de pastores ellos utilizaron sus rebaños de taros para aplacar a nuestras tropas. Así fue como el príncipe perdió a sus militares más valientes, más audaces, porque entre la estampida de animales y hombres no hay forma de establecer proporción alguna. Fue una batalla desigual. Nuestros militares fueron pisoteados por los toros azuzados con unas enormes antorchas en las cornamentas. Nuestro majestad el rey recibió de los atalayas informes del fuego que bajaba sobre la parte noroeste de la muralla, antorchas vivas se movían. Su luz resaltaba en la oscuridad de la madrugada. La batalla se extendió hasta el amanecer, nuestras tropas en todo momento defendieron Ia gtiarnición, mostraron mucha valentía y enfrentaron a cabalidad a las tribus norestinas. Caballeros, nosotros odiamos a los norestinos: utilizan hasta sus elementos de subsistencia para la batalla. Los toros más salvajes han sido domesticados por ellos. Han podido atrapar toros en las llanuras más agrestes que el hombre pueda imaginarse. ¿Para qué?, pregunto. Para ser utilizados como punta de lanza en el asalto a la ciudad. La parte amurallada en la frontera noroeste ha sido controlada por ellos. Según nuestros testigos este hombre hirió de muerte a nuestro queridísimo príncipe.

    El juglar se acerca y empieza a golpear con su bastón la jaula de barrotes de hierro donde está detenido el prisionero.

    —No aceptamos la versión de que nuestro príncipe fue pisoteado en la estampida; fueron las inmundas manos de este hombre las que segaron su vida. Por eso va a ser inmolado el día de hoy. Un hombre civilizado de este reino jamás abusaría de la nobleza de un animal que lo provee de sustento para llevarlo a la batalla. Matando a uno es posible exterminar a todos, hasta que no quede ningún hombre de la tribu de los norestinos. No nos puede causar compasión la muerte de un norestino, cuando ellos están en los alrededores de la ciudad.

El juglar se acerca a la jaula donde está el condenado, amarrado con grilletes en los tobillos y la mirada extraviada. Sólo un pedazo de tela le cubre los genitales.

—Pero como marca la tradición en este reino, es mi deber hacerle una pregunta a este hombre antes de ser sacrificado.

El juglar alza la voz para enfatizar su pregunta; poco a poco más gente se va congregando, niños, ancianos, tratando de abrirse espacio para contemplar mejor el espectáculo.

—¿Por qué llevaron toros a la batalla?

El juglar insiste con su pregunta, el hombre apenas si puede alzar la cabeza, tiene el cabello largo, salpicado de tierra. Ante la insistencia del juglar, el detenido, con voz apenas audible, contesta:

—Gracias al *mbxii tii*, el pájaro de la medianoche; con su canto supimos que nos anunciaba algo. Nuestros antepasados nos dijeron que este pájaro regresaría a darnos una cierta época de paz, para lograr aquello engendró hijos toros con nuestras mujeres. Nuestro gobernante nos manda con ellos a la guerra. Somos los humanos quienes siempre salimos heridos o muetos. Nos anima la certeza que después de cada batalla nuestros hijos, los toros, regresarán a casa para cuidar de sus madres. Nosotros somos débiles, ustedes rompen la formación de batalla con sus poderosas armas y hieren a nuestros hermanos.

El juglar se exalta y grita:

—¡Así lo marcan las leyes de la guerra!

Aun así, el prisionero, con voz más débil, sigue hablando.

—En las tribus norestinas no existen leyes de guerra, ustedes han amurallado la parte noroeste más allá del río, en nuestros territorios. Nuestros hijos necesitan campo. Gracias al *mbxii tii* hemos tenido hijos obedientes, sumisos, dispuestos a librar batalla. Nos obligan a movernos hacia al norte, donde los lagos y los ríos están congelados en invierno. Es ciento de veces más horrible morir de frío, que enfrentarlos con nuestros hijos en una batalla. Dígale a su rey que la nieve mata. Hay toros que tienen el pelaje grueso, aun así, mueren por las heladas. Mientras ustedes saborean bebidas y comidas calientes, nosotros nos congelamos en el norte. Ustedes saben mucho de muerte, catapultas y lanzas. Edifican ciudades, necesitan comer carne, ¡nunca se sacian! Nuestros hijos pueden andar en el campo sin hacerle daño a nadie, nuestros hijos saben más de paz que ustedes. Ellos reclaman un territorio libre para pastar. Dígale a su rey que sobre el hielo no crecen plantas. Esta batalla que hemos librado no es por nosotros, simples hombres de carne y hueso. ¡No! Es por nuestros hijos que reclaman vivir.

El juglar interrumpe al condenado envuelto en una especie de ira, recomenzando sus brincos alrededor de la jaula del detenido, denunciándolo:

—¡Usted mató a nuestro príncipe, protector de estas aldeas!

Y hace una señal con la mano. Se acercan cuatro verdugos con capucha oscura en la cabeza. El cuchicheo de la gente se acrecienta, se apretujan al lado de la valla donde se alza la jaula sobre el armazón de madera. El detenido intuye que se acerca el momento final. Uno de los verdugos camina hacia la jaula y abre la puerta. Quita los grilletes de los pies del condenado y lo arrastra hacia fuera. El hombre aferra sus manos en los barrotes, esto provoca mayor expectación entre la gente. Los otros verdugos van y golpean las manos del detenido para que se suelte. El hombre cae al piso desde la altura donde está empotrada la jaula. Se golpea la nariz de donde va manando sangre, sus ojos respiran miedo. Un verdugo le arranca el pedazo de tela que le cubre los genitales. Los otros verdugos lo levantan del piso y lo colocan sobre la piedra circular. Sus costillas parecen varas, le amarran los tobillos con correas sujetas a la piedra. Lo estiran de los brazos, completamente desnudo, sus testículos están cubiertos de un puño de pelaje. Todas las cuerdas están sujetas a una polea que comienza a ser movida por un caballo; poco a poco revientan sus extremidades. Dos de los verdugos van limpiando con un trapo la piedra que comienza a salpicarse de sangre. Escuchan lo que el condenado resuella antes de morir.

—Nuestros hijos saben más de paz que ustedes.

MIDNIGHT BIRD

The herald approaches the condemned man's cage jumping, shouting for the people to assemble:

"Come closer! Come closer! Come closer! Dear gentlemen, this day is of mourning and glory. Our prince is dead, but here we have the man who killed him," and points to the condemned man, who is sitting in a corner of the cage, leaning against the iron bars; his body is arched and trembling.

The herald continues his speech:

"Mourning invades the entire kingdom, let us pray for the kind soul of our prince, protector of these villages. His body still lies in the palace for traditional funeral protocols, but we are here today to watch as justice is served in this realm." The cage is placed on a wooden frame, near the circular execution stone; around it there is a fence to contain the people. The herald insists on jumping around the cage, barely lifting his foot off the floor. Then he stops for a moment to give the following version of what happened.

"Our brave prince was defending the garrison in the northwest part of the city, when the ruthless barbarian tribes broke through the wall; The prince, before fleeing or withdrawing, allowing those hosts to pass through the wall, confronted them without the protocol of war. It was a battle of great dimensions; among their war supplies they brought bulls. Yes, honorable gentlemen who listen to me, as members of ancient herding tribes they used their herds of bulls to appease our troops. This is how the prince lost his bravest, most daring soldiers, because between the stampede of animals and men there is no way to establish any proportion. It was an unequal battle. Our soldiers were trampled by bulls urged on with huge torches on their antlers. Our majesty the king received from the watchmen, reports of the fire coming down on the northwestern part of the wall, living torches were moving. Its light stood out in the darkness of the early morning. The battle lasted until dawn, our troops defended the garrison at all times, showed great courage and fully faced the northeastern tribes. Gentlemen, we hate Northeasters: they use even their subsistence items for battle. The wildest bulls have been tamed by them. They have trapped bulls in the most rural grasslands imaginable to man. For what? I ask. To be used as a spearhead in the assault on the city. The walled part on the northwest border has been controlled by them. According to our witnesses, this man mortally wounded our dearest prince." The herald approaches and begins to beat the iron bars of the cage with his cane where the prisoner is being held.

"We do not accept the version that our prince was trampled in the stampede; It was the filthy hands of this man that took his life. That is why he is going to be executed today. A civilized man of this realm would never abuse the nobility of an animal that provides him with sustenance to carry him into battle. By killing one it is possible to exterminate all of them, until there is no man left from the Northeastern tribe. The death of a Northeastern cannot cause us compassion when they are in the outskirts of the city." The herald approaches the cage where the condemned man is, tied up with shackles on his ankles and looking lost. Only a piece of cloth covers his genitals.

"But as is the tradition in this kingdom, it is my duty to ask this man a question before being sacrificed."

The herald raises his voice to emphasize his question; little by little more people are congregating, children, the elderly, trying to open space to better contemplate the spectacle.

"Why did they take bulls to battle?"

The herald insists with his question, the man can barely raise his head, his hair is long, sprinkled with dirt. At the herald's insistence, the detainee, with a barely audible voice, answers:

"Thanks to the *mbxii tii*, the midnight bird; With his song we knew that he was announcing something to us. Our ancestors told us that this bird would return to give us a certain period of peace. To achieve that, it engendered bull children with our women. Our ruler sends us with them to war. We are the humans who always get hurt or killed. We are encouraged by the certainty that after each battle our sons, the bulls, will return home to take care of their mothers. We are weak, you break the battle formation with your mighty weapons and wound our brothers."

The herald is exalted and shouts:

"That's how the laws of war are!"

Even so, the prisoner, with a weaker voice, continues to speak.

"In the northeastern tribes there are no laws of war, you have walled off the northwestern part beyond the river, in our territories. Our children need a field. Thanks to the *mbxii tii* we have had obedient, submissive children, ready to fight. They force us to move north, where lakes and rivers are frozen in winter. It is a hundred times more horrible to freeze to death than to face them with our children in battle. Tell your king that snow kills. There are bulls that have thick fur, even so, they die from frost. While you savor hot drinks and food, we freeze in the north. You know a lot about death, catapults and spears. They build cities, they need to eat meat, they never get enough! Our children can walk in the fields without hurting anyone, our children know more about peace than you do. They claim a free territory to graze. Tell your king that plants don't grow on ice. This battle we have fought is not for us, mere flesh and blood men. No! It is for our children who want to live."

The herald interrupts the condemned man wrapped in a kind of anger, starting his jumps around the detainee's cage, denouncing him:

"You killed our prince, protector of these villages!"

And he makes a sign with his hand. Four executioners with dark hoods on their heads approach. The whispering of the people increases, they press together next to the fence where the cage stands on the wooden frame. The detainee senses that the final moment is approaching. One of the executioners walks over to the cage and opens the door. He removes the shackles from the condemned man's feet and drags him out. The man clings his hands to the bars, this causes greater expectation among the people. The other executioners go and hit the detainee's hands to make him let go. The man falls to the ground from the height where the cage is embedded. He hits his nose from which blood starts flowing, his eyes breathe fear. An executioner tears off the piece of cloth that covers his genitals. The other executioners lift him off the ground and place him on the circular stone. His ribs look like rods, his ankles are tied with straps attached to the stone. They stretch him out by the arms, completely naked, his testicles are covered with a patch of fur. All the ropes are attached to a pulley that begins to move by a horse; little by little they tear apart his limbs. Two of the executioners are cleaning the stone with a rag as it begins to get splashed with blood. They listen to what the condemned man breathes out before dying.

"Our children know more about peace than you."

Araceli Mancilla Zayas

Araceli Mancilla Zayas nació en el Estado de México en 1964 y vive en la ciudad de Oaxaca desde 1986. Es escritora. Estudió Derecho en la Ciudad de México y Cultura contemporánea en Madrid. Ha publicado varios libros de poesía, el más recientes *El último río* (Ediciones La Maquinucha, IAGO, Oaxaca, 2019); y el libro de ensayo *Los astros subterráneos. Mito y poesía en Clara Janés* (Universidad Veracruzana, Xalapa, 2016). Sus poemas se han recogido en antologías de México y el extranjero. Colabora regularmente en revistas literarias y suplementos culturales locales, nacionales y foráneos y es facilitadora docente en el Centro de Estudios Xhidza (Ceuxhidza) que tiene su sede en la población de Santa María Yaviche, en la Sierra Norte de Oaxaca.

The writer, Araceli Mancilla Zayas, was born in the State of Mexico in 1964 and has lived in the city of Oaxaca since 1986. She studied law in Mexico City and contemporary culture in Madrid, España. She has published several books of poetry, the most recent *El último río*, published at *Ediciones La Maquinucha*, IAGO, Oaxaca, 2019; and the book of essays *Los astros subterráneos. Mito y poesía en Clara Janés*, published at Universidad Veracruzana (University of Veracruz), Xalapa, 2016. Her poems have been collected in anthologies in Mexico and abroad. She regularly collaborates in literary magazines and local, national, and foreign cultural supplements, and is a teaching facilitator at the Xhidza Study Center (Ceuxhidza), which is based in the town of Santa María Yaviche, in the Sierra Norte of Oaxaca.

CIERTO PARECIDO

¿Por qué se fue?

Debajo del sillón vive nuestro anciano perro, Hans, y, de pronto, al sentir mi llegada, sale. Dejo que se me eche encima. Me llena de pelos y polvo y me fijo bien pues a veces hasta carga entre las patas alguna cucaracha; pero hoy es distinto, lo dejo juguetear conmigo porque es como sentirlo de nuevo a él. Sí, mi padre olía a tabaco apestoso y algo a sudor cuando, a punto de terminar su café y empezar a leer el periódico, susurraba:

—Ven, virote, dame un abrazo antes de irte a esa casa de locos.

Buen cuidado tenía de no ser escuchado por los demás. Era la misma cantaleta cada mañana, y me encantaba porque me ponía de cabeza o me hacía girar tomándome de los brazos o la panza, o se le ocurría cualquier otra cosa por el estilo.

—¡Que no le hables así!, ¡el desquiciado eres tú! ¡Mira, salvaje, lo vas a descoyuntar! —protestaba mamá, furiosa.

Pero a mí me gustaban aquellos juegos toscos de papá. Su manera de decirme adiós cuando yo salía a esperar la camioneta del colegio de educación especial. En ese vehículo semivacío me llevaban a una casa vieja y fea, a una hora de distancia de la mía. Ahí estudié con chicos como yo hasta graduarme de secundaria.

Papá se fue un día, lejos, a trabajar no sé a dónde. Dijo que nos mantendríamos en contacto.

—No preguntes más. Alguna vez se comunicará; ¡deja de darme la lata! —Así, o por el estilo son las respuestas de ella. Casi siempre la encuentro enojada; tiene prisa de ir acá o allá y corre a dejarme encargado con mis hermanos. Mamá trabaja hasta tarde y Roberto, Luisa y Saúl están al pendiente de mí todavía —hasta que los terapeutas me consideren "mentalmente autosuficiente"—, aunque no de muy buena gana. Se desesperan con mi lentitud y mis preguntas. Papá no. Cuando él vivía con nosotros me dejaba que hablara todo lo que quisiera sin importar lo que me tardara. No me interrumpía ni me apuraba. Al contrario, me enseñó a no tartamudear. Con él me sentía fuerte y seguro.

Estuve pensando en todo esto mientras atravesaba hoy la avenida. De pronto algo me hizo sentir confundido, o más bien, decepcionado: en el parque, del otro lado del zoológico donde trabajo desde hace poco, había visto a un señor idéntico a papá. Alto, robusto, de espeso bigote. Estaba seguro de que era él. Corrí a alcanzarlo:

—¡Paaa, espeeeraaa!

El hombre se detuvo. A ver su rostro sucio y corriente me di cuenta de mi error. Se notaría demasiado mi desilusión y rechazo.—¡Estupido!—me amenazó, levantando un puño, casi dándome el golpe, y siguió su camino.

Estuve bastante tiempo sentado en el pasto viendo pasar a la gente. No tenía ganas de nada. Sólo de dormir, pero es peligroso, pueden robarme. Recogí la mochila para irme a casa.

A pesar de todo, siento un poco de alegría. Hacía tiempo que no recordaba aquel abrazo.

SIMILARITIES

Why did he leave?

Our old dog, Hans, lives under the chair and suddenly, sensing my arrival, he comes out. I let him jump all over me. He covers me with hair and dust and I pay close attention because sometimes he even carries a cockroach with him between his legs; but today is different, I let him play with me because it's like feeling him again. Yes, my father smelled of smelly tobacco and a bit of sweat when, just about to finish his coffee and start reading the newspaper, he would whisper:

"Come, dummy, give me a hug before you go to that crazy house."

He was careful not to be heard by others. It was the same old thing every morning, and I loved it because he would turn me upside down or spin me around, grabbing me by my arms or belly, or something like that.

"Don't talk to him like that! The stupid one is you! Look, you savage, you're going to hurt him!", Mom protested furiously.

But I liked Dad's rough games. His way of saying goodbye to me when I went out to wait for the van from the special education school. In that half-empty vehicle they were taking me to an ugly old house, an hour away from mine. There I studied with guys like me until I graduated from middle school.

Dad left one day, far away, to work I don't know where. He said we'd keep in touch.

"Stop asking me. He will communicate with us one day; stop pestering me!" — like that or something like that, are her answers. I almost always find her angry; she is always in a hurry to go here or there and runs to leave me under my siblings' care. Mom works late and Roberto, Luisa and Saúl are still looking out for me, although not very willingly– until the therapists consider me "mentally self-sufficient". They get irritated with my slowness and my questions. Dad wouldn't. When he lived with us he let me talk all I wanted no matter how long it took me. He didn't interrupt me, he didn't rush me. On the contrary, it taught me not to stutter. With him I felt strong and safe.

I was thinking about all this as I was crossing the avenue today. Suddenly, something made me feel confused, or rather, disappointed: in the park, on the other side of the zoo where I have been working recently, I had seen a man identical to dad. Tall, robust, with a thick mustache. I was sure it was him. I ran to catch up with him:

"Daaaaaad, waaaaait!"

The man stopped. Seeing his dirty and ordinary face I realized my mistake. My disappointment and rejection must have been too noticeable. "Idiot!", he threatened me by raising a fist, almost hitting me, and then continued on his way.

I spent quite a while sitting on the grass watching people go by. I didn't want to do anything. Just sleep, but it's dangerous, they can rob me. I picked up my backpack to go home.

Despite everything, I feel a little bit of joy. It had been a long time since I remembered his hug.

SEÑORA DE LAS DUNAS

*L*A GITANA CAMINABA CUBIERTA POR EL SOL QUE CAÍA A plomo sobre su figura lejana. Yo aún no alcanzaba a distinguirla ni a intuir que se me acercaría, tal como sucedió al poco tiempo. Tres ancianos trovadores se peleaban las mesas de la playa para cantar antiguos y lánguidos boleros que sólo pueden memorizar personajes así y ser solicitados en esas circunstancias. El mar se enroscaba en suaves olas de tres en tres. Era una coreografía pulcra como el cielo de las dos de la tarde. Me dolía el pecho. Mis dos heridas me producían más una pesadumbre síquica que un verdadero malestar corporal. Sin embargo, tenía deseos de sentirme en paz, de aprehender la libertad de ese día apacible que no perturbaban los pocos bañistas adentrados en el agua. Dos jóvenes morenas, vestidas con refajos tzotziles y los rostros cocidos por el calor, me ofrecieron huipiles y cinturones que admiré y tuvieron que llevarse decepcionadas. El travesti del restorán me aseguró que aquella mojarra rebosante de finísimo ajo dorado puesta frente a mí, sería un banquete difícil de probar en cualquier otro sitio.

—Estoy segura —contesté—. Le gustará mucho a mi novio.

De pronto vi un gesto de preocupación en sus ojos delineados suavemente de azul cobalto por encima del párpado caído, y, al voltear, descubrí a la gitana caminando a unos metros de nosotros. Su larga falda amarilla se mecía con ritmo y una sonrisa satisfecha le llenaba el rostro arenoso saturado de arrugas. Llevaba en la mano, levantada en son de triunfo, un trozo de papel. De inmediato el mesero se adelantó agitando un trapo sucio sobre su cara:

—Vete. No molestes a mi clientela.

La gitana, firme, siguió su meneo hasta alcanzar mi mesa y descansar su cadera en la orilla mellada.

—Me pidieron que te diera esto —anunció con gozo maligno, abriendo la palma de la mano para mostrarme la hoja subrayada en la que estaba escrita una sola cosa: jaque mate.

Me levanté para arrebatarle aquello que me pertenecía. Ella se apresuró cerrando la mano antes de volverse y gritar:
—¡Ya no es tuyo!

La seguí. Mi pecho era una lápida. Caminé por el borde del agua para facilitar la marcha, pero era imposible alcanzarla. Se alejaba sin moverse siquiera. Comencé a fatigarme y a dejar atrás las palapas y las construcciones hechizas. Frente a mí estaban cada vez más al alcance aquellas colinas desiertas temblando como dos seres que fueran a desaparecer en cualquier momento. Más adelante, tres muchachas en biquini brincaban avanzando en el mar tomadas de las manos. La más alta, de piel negra y brillante, cargaba sobre el hombro una iguana pequeña y reía jalando a las otras. Al cabo de un rato, la silueta de alguien me distrajo. Un hombre desnudo apareció en la terraza de una casa distinta: blanca, rodeada de cristales, aislada del resto. Volvía el rostro hacia las dunas mientras fumaba un cigarrillo.

Cómo desee ser ese cigarro en aquella boca. Su cabello ondulado parecía una banderola de seda negra. Seguí su mirada y por un instante me perdí también en la elevación grisácea de las dunas. Hacia ellas se dirigían las aves del atardecer. Las nubes se disolvían en la cumbre. Pensé en detenerme y pedirle ayuda, pero vi a una mujer que llegaba a su lado. Desnuda, también, tenía un cuerpo hermoso y un andar que reconocí. Se había quitado la pañoleta y se le agolpaba en el rostro una maraña de greñas blancas. Era la gitana y me apresuré a alcanzarla. Corrí, pero no llegué a tiempo. Lanzó al hombre al vacío, siguiéndolo enseguida.

—Señorita —escuché la voz grave y femenina del mesero—. Llegaron por usted.

La cocinera del restorán retiraba el plato con restos de plátanos fritos, y la taza de café. Se los llevó al fondo de la palapa y murmuró algo a su hermano. Las gruesas figuras de ambos me impedían develar del todo la cara del hombre que dormía sobre una de las mesas. Era alguien que conocí en una ciudad donde llueve. No lejos, alguno de los trovadores seguía cantando aquella canción de náufragos. Mi pecho ardía. Me levanté del camastro, pagué y vi sobre la silla el tablero de ajedrez. Sólo la reina continuaba en su sitio. Las demás piezas yacían sobre la arena.

LADY OF THE DUNES

THE GYPSY WALKED COVERED BY THE SUN THAT BEAT DOWN on her distant figure. I still couldn't distinguish her or intuit that she would approach me, as it happened shortly after. Three old musicians fought over the tables on the beach to sing old and languid boleros that only characters like these can memorize and be requested in those circumstances. The sea rolled in gentle waves three at a time. It was a neat choreography like the sky at two in the afternoon. My chest hurt. My two injuries caused me more of a psychic grief than a real bodily discomfort. However, I wanted to feel at peace, to apprehend the freedom of that peaceful day that was not disturbed by the few bathers in the water. Two young brunettes, dressed in *Tzotzil* scarves and their faces baked by the heat, offered me *huipiles* and belts that I only admired and then they had to leave with disappointment. The transvestite from the restaurant assured me that the overflowing *mojarra* with the finest golden garlic placed in front of me would be a difficult feast to try anywhere else.

"I'm sure," I answered, "my boyfriend will like it very much."

Suddenly, I saw a look of concern in her eyes, softly outlined in cobalt blue above her drooping eyelids, and when I turned around, I discovered the gypsy walking a few meters from us. Her long yellow skirt swayed rhythmically, and a smirk filled her sandy, wrinkled face. In her hand, raised in triumph, was a piece of paper. Immediately the waiter came forward waving a dirty rag over her face:

"Go away. Don't bother my customers."

The gypsy, firmly, continued her sashay until she reached my table and rested her hip on the rough edge.

"They asked me to give you this," she announced with an evil glee, opening the palm of her hand to show me the underlined sheet on which only one thing was written: checkmate.

I got up to snatch what belonged to me. She hastily closed her hand before turning and yelling, "It's not yours anymore!"

I followed her. My chest felt very heavy. I walked along the edge of the water to make it easier, but it was impossible to reach her. She walked away without even moving. I began to get tired and leave behind the *palapas* and the haunted structures. In front of me those deserted hills were getting closer and closer, trembling like two beings that would disappear at any moment. Further ahead, three girls in bikinis jumped into the sea holding hands. The tallest, with shiny black skin, carried a small iguana on her shoulder and laughed while pulling the others. After a while, someone's silhouette distracted me. A naked man appeared on the terrace of a different house: white, surrounded by glass, isolated from the rest. He turned his face towards the dunes while smoking a cigarette.

How I wished to be that cigarette in that mouth. His wavy hair looked like a black silk banner. I followed his gaze and for an instant I was also lost in the gray elevation of the dunes. The birds of the sunset were headed towards them. The clouds dissolved at the summit. I thought about stopping and asking him for help, but then I saw a woman coming up to him. Naked as well, she had a beautiful body and a walk that I recognized. She had taken off her shawl and a tangle of white hair was crowding her face. It was the gypsy and I rushed to catch up with her. I ran, but I didn't make it in time. She tossed the man into the void, following him immediately.

"Miss", I heard the serious and feminine voice of the waiter, "They came for you."

The cook from the restaurant removed the plate with the remains of fried plantains, and the cup of coffee. He took them to the back of the *palapa* and murmured something to his brother. The thick figures of them both prevented me from fully seeing the face of the man who slept on one of the tables. It was someone I met in a city where it rains. Not far away, one of the musicians continued to sing the sea shanty. My chest burned. I got up from the bunk, paid and saw the chess board on the chair. Only the queen was still in her place. The other pieces lay on the sand.

Angie Martínez

ANGIE MARTÍNEZ (1984 Oaxaca, Mexico) es promotora de lectura desde el año 2016, cuando se integra al grupo de lectores voluntarios del programa Seguimos Leyendo, en donde conoce a la poeta Raquel Olvera, quien le muestra una nueva posibilidad de expresar sus ideas a través de la escritura creativa. En 2019 publica sus primeros cuentos en la antología Malicia Literaria y en este mismo año es invitada a escribir guiones literarios para el programa de radio El Baúl de las Leyendas. A través de Spotify pueden escuchar sus colaboraciones: La Matlacihualt, La carreta de la muerte, La mujer del taxi, El hombre que no puso ofrenda en el altar, Espinazo del diablo (2020), El Señor del monte (2021) y La Nahuala de Zoochila (2022). A través de su proyecto Dibujando con Palabras lleva la lectura a niñas y niños de su comunidad.

ANGIE MARTÍNEZ (1984 Oaxaca, Mexico) has been a reading advocate since 2016, when she joined the group of volunteer readers of the Seguimos Leyendo program, where she met the poet Raquel Olvera, who showed her the new possibility of expressing her ideas through creative writing. In 2019 she published her first short stories in the anthology, *Malicia Literaria*, and in the same year she was invited to write literary scripts for the radio program *El Baúl de las Leyendas*. Their collaborations are available on Spotify: *La Matlacihualt, La carreta de la muerte, La mujer del taxi, El hombre que no ofrenda en el altar, Espinazo del diablo* (2020), *El Señor del monte* (2021) and *La Nahuala de Zoochila* (2022). Through her project, Dibujando con palabras, she brings reading to girls and boys in her community.

EL CRIMEN PERFECTO: ¿GUSTA UN CALDITO DE GALLINA?

No es casualidad que estés leyendo esta historia, tuve la necesidad de escribirla para liberar un poco mi conciencia; hace algunos años fui testigo de un asesinato y guardé silencio. Una de las autoras intelectuales ya ha fallecido y la otra aún sigue viva sin el más mínimo remordimiento; si quieres saber cómo sucedieron los hechos continúa leyendo y a partir de cómo sucedieron los hechos continúa leyendo y a partir de ahora seras cómplice junto conmigo, si no, deja la historia donde la encontraste.

Todo aconteció en un pueblo llamado Santa María, un lugar situado sobre una zona montañosa donde los cerros azules se confunden con el cielo; la pobreza del lugar se asoma desda que uno observa el letrero pintado sobre una lámina oxidada sostenida con un solo clavo a punto de despegarse que dice: Bienvenidos a esta tierra de Dios.

Algunos campesinos siembran habas, garbanzo, maíz o frijol: en tiempos de secas cunado las cosechas no se dan, el hambre aprieta y ese fue el móvil del crimen: el hambre.

Angélica, mi abuela, vivía en un rancho lejos del pueblo, sólo iba a Santa María cuando tenía que ir a vender sus comales o petates. Un día la acompañé y llegamos a casa de tía Julia, era un ocho de diciembre, se festejaba a la Virgen de la Asunción, era la fecha para pedir por bendiciones y agradecer los milagros que ella había concedido; el pueblo estaba de fiesta y la tía Julia solo tenía frijoles hervidos y tortillas para comer. Entre ellas platicaban acerca de lo sabroso que sería si en vez de frijoles pudieran comerse un caldito de gallina criolla.

De pronto ¡un milagro!, el cielo escuchó sus deseos, una gallina empedrada y regordeta cruzó el patio de la casa, mi tía y mi abuela se miraron, ya se habían dicho todo; comenzaron a darle maíz para atraparla. La encerraron en la cocina y encendieron la radio con la música a todo volumen para ahogar los gritos del ave mientras le cortaban el pescuezo.

El cuarto hecho de varas me permitió ver cuando le sacaron las tripas y se las botaron a un perro flaco que logró colarse a la escena del crimen, las plumas las enterraron; tenía diez años, sentí mucho miedo porque sin querer era cómplice de lo que estaba sucediendo y me daba pavor que apareciera el dueño de la pobre víctima.

Eran como las seis de la tarde cuando llegó doña Clementina, se dirigió a mi abuela y a mi tía:

—¿Han visto a mi gallina empedrada? tiene rato que la ando buscando y no la encuentro.
—No —respondió mi tía sin el meno escrúpulo— pero no se preocupe al rato aparece, mientras, ¿no gusta un caldito de gallina?

THE PERFECT CRIME: WOULD YOU LIKE SOME CHICKEN STEW?

IT IS NO COINCIDENCE THAT YOU ARE READING THIS STORY, I had the need to write it to ease my conscience a little; a few years ago I witnessed a murder and kept silent. One of the criminal masterminds has already passed away and the other is still alive without the slightest remorse; if you want to know what happened, continue reading and from now on you will be an accomplice like me, if not, leave the story where you found it.

It all occurred in a town called Santa María, a place located in a mountainous area where the blue hills blend with the sky; the poverty of the place shows as soon as one observes the sign painted on a rusty metal sheet hanging by a single nail about to fall off that says: *Welcome to the land of God.*

Some farmers plant fava beans, chickpeas, corn or beans; in times of drought when the harvests don't provide, the hunger pangs strike and that was the motive for the crime: hunger.

Angelica, my grandmother, lived on a ranch far from town, she only went to Santa María when she had to go to sell her skillets or sleeping mats. One day I accompanied her and we arrived at Aunt Julia's house, it was December 8th, the Virgin of the Assumption was being celebrated, it was the day to ask for blessings and thank her for the miracles that she had granted; the town was celebrating and Aunt Julia only had boiled beans and tortillas to eat. They talked among themselves about how tasty it would be if they could eat a traditional chicken stew instead of beans.

Suddenly, a miracle! The sky listened to their wishes, a fat speckled hen crossed the patio of the house, my aunt and my grandmother looked at each other, and just like that they had already said everything; they began to give the hen corn to trap her. They locked her in the kitchen and turned on the radio with the music blaring to drown out the bird's screams as they cut its throat.

The wall made of sticks allowed me to see when they took out the guts and threw them to a skinny dog that managed to sneak into the crime scene, they buried the feathers; I was ten years old, I felt very scared because without wanting to be I was an accomplice of what was happening and I was terrified that the owner of the poor victim would appear.

It was around six in the afternoon when Doña Clementina arrived, she addressed my grandmother and my aunt:

"Have you seen my speckled hen? I've been searching for her for a while and can't find her."

"No," answered my aunt without the slightest hesitation, "but don't worry she'll show up later, meanwhile, would you like some chicken stew?"

Manuel Matus Manzo

Manuel Matus Manzo, San Francisco Ixhuatán, Oaxaca. Sociólogo y maestro en Creación Literaria. En el Instituto de Investigaciones en Humanidades de la Universidad Autónoma "Benito Juárez" de Oaxaca, coordinó la Colección "Peras del Olmo"; fundó la Maestría en Literatura Mexicana y promovió el área de literatura en la licenciatura en Humanidades.

Títulos como: *El viento es una multitud*; *Entre las sombras de Monte Albán*; *Sol que enciende sueños* y *El tren de las bayunqueras* dan cuenta de su trabajo creativo.

Recientemente el IIHUABJO publicó el libro: *Manuel Matus. Siete décadas de vida y treinta años en la literatura en Oaxaca*.

Manuel Matus Manzo, from San Francisco Ixhuatán, Oaxaca, sociologist and professor in Literary Creation at the Humanities Research Institute of the Benito Juárez Autonomous University of Oaxaca (UABJO). He coordinated the "Peras del Olmo" Collection; he founded the Master's Degree in Mexican Literature and promoted the area of literature for the Humanities degree.

Titles like: *El viento es una multitud*; *Entre las sombras de Monte Alban*; *Sol que enciende sueños* and *El tren de las bayunqueras* give an account of his creative work.

The Institute of Humanities Research at the UABJO (IIHUABJO) recently published the book: *Manuel Matus: Siete décadas de vida y treinta años en la literatura en Oaxaca*.

LA MUSA DEL MEZCAL

Una vez descendió en forma de nube —dice la historia—, leve y volátil; traía flores y hojas por ser días de primavera. Miró y dijo: "Ese *verdemplumado* danzante de los valles, ¿quién lo ha traído?"

—Nadie lo trajo de ninguna lejana tierra: aquí nació de un sol árido en pendientes laderas, como encadenado a una roca, hasta soltar su sangre ardorosa. Ya crecido, el maguey es una cabeza de múltiples serpientes; guerrero con cien espadas, un jaguar, un relámpago.

Tiene su corona. De ahí brota la hechicería de dulzura infernal, de incandescente roca, dulce al rey murciélago y su séquito de bebedores. De antiguo ha sido dable ese único falo en flor como deleite del abandono, donde se reproduce el reino de la oscuridad. El aroma del mezcal está plagado de dulzura, aromas, caricias, formas, voces y alaridos. Cree en su trascendencia, volarás como antes las deidades primeras y sus travesuras en el amor.

Mientras solitario vagaba, vi la sombra, se me impuso una visión: "De ahí proviene, el néctar de los vértigos, las danzas y los cantos".

Era ella, casi lluvia en su transparencia: "El mezcal nos libera de una sed infinita de eternidad", respondió con palabras que el aire mastica. "El color verde, riqueza del monte y de las piedras preciosas. El verde maguey me apasiona en estos días".

Una especie de completa inflamación se apoderó de mí. Había aparecido, indecible.

—Ahora es tu hora. Andemos, si así me buscabas.

Es real, no la confundas con sombra, ave, Llorona o Salvaja.

Saben, perdí todo peso. Sepan que de pronto es una aparición con toda gran fuerza que proviene de la embriaguez, del trastorno súbito, ¿acaso un sexto sentido con que se puede transformar una circunstancia? Palabras se han dicho de tal secreto. Ella es eso, una embriaguez. No está distanciada de Mayahuel Duuba, esa deidad encargada de enloquecer al que se acerca tanto a la guarida del consagrado maguey que se incrusta en nuestros poros. "Es la tentación de los amantes que amanecen enroscados en su libre albedrío de espinas".

—Es de mucha riqueza al paladar —respondí, en tanto ya daba el tercer sorbo, cuestión, entonces, de que sería yo quien lo dijera.

De pronto, el ánimo se reprodujo cuando pregunté:

—¿Eres la misma que por las noches canta a lo silvestre?

—Fui el primer fuego del joven Cocijo, ese verbo primero. Con él fui revoltura en el barro para hacer imagen y ahora tepalcates de los primeros bebedores. Voy de la olla al carrizo. Fui yo quien dio al señor Lowry las últimas líneas de su obra, su guía constante en los infiernos. Este señor que caminó al Mictlán y volvió.

"Como la vieja Llorona", debió haber pensado.

—No podría ser otra —respondió.

—Lo agradezco —dije, cuando me fui adentrado a su encanto. ¿Cómo sería posible al paso del tiempo? Pues para entonces la riqueza de la bebida ya estaba sobre mí.

—Puedes alojarte en mis palabras: en adelante, lo que diga, hazlo tuyo también.

Al decir sus palabras ya eran mías, me dictaba. No. Primero me indujo, como se puede ver, a un monte que me era desconocido; después me añadí a sus palabras para hacerlas mías, como en la historia ha sucedido.

—Cántame las historias de transparencia líquida.

No tuve necesidad de implorar nada. Todo estaba de mi lado. Con su mano entrelazada a la mía me condujo a considerar lo que se puede de aquel santuario de las bebidas. Un inmenso campo apareció ante mis ojos.

—Puedes andar hasta donde tus pies se agoten —dijo—. Muy lejos hallarás la hoja que buscas y tendrás iluminación.

Sentí que existía un *más allá* donde uno se para. Miré la distancia y también la vi. El maguey corpulento no parecía tener fin, ella era su flor.

—No todos abrevan en este lugar —sonrió. De algún lado sacaba la bebida que me proporcionaba, pero no vi de dónde—. Son mías las palabras y la embriaguez. No se oculten tampoco tus intenciones. Ven, acércate.

Habita en un cántaro de barro, es volátil como la nube. Se destapa bajo una clave. Vive, como las pequeñas y etéreas *binniguenda*, entre hojas y flores. El viento se llevó su voz. La llamaría Flor, desde el corazón del maguey: sudor de las rocas, elixir de las espinas. En el Valle es la Musa del mezcal, quien me entrega la palabra, me entrelaza en el juego de *Vamos a conjugar el verbo beber*: "Yo brindo y nosotros nos embriagamos".

—Mi condición es un secreto líquido —señaló—. Si me disuelvo es porque soy vapor de nubes —su hablar era disolvencia de aromas. Con su aparición simplemente te dejas llevar. ¿Hay que caminar hacia el mezcal? Escuchas el eco de su voz al mirar el lento crecer de cada día; la planta es un remero de finos brazos.

Ruega porque de antemano te encuentres con la Musa del mezcal, puede ser una figura de barro antiguo, una *binniguenda* que, sin aviso, está ahí o en su cántaro, y aparece si atinas a dar tres golpecitos, música de los dedos. Procura un cierto atardecer crepuscular y que sea en días lunares. Suele suceder la Musa del mezcal, si los antiguos dioses lo permiten, Mayahuel, Cocijo, Bacaanda o Pitao.

Y así, *Dúba*, Musa de transparencias, dulcificada embriaguez que produce pláticas, risas, modulaciones; un despertar de memoria y pensamiento, la instantánea inspiración, fugaz pero exacta. Podría ser el azar y la suerte. Pero es mejor dejarse arrastrar a los hallazgos, tal como suele suceder con dicha Musa. ¡Sal de mí, secreto de mi voz antigua! Una plegaria en el santuario de los bebedores; no te arrodilles, yérguete cual penca *magueyana*, pues con tal oración la invocas de frente. Aparece y dice llamarse *Nisa Dúba*, agua de líquidos verbos que el fuego cuece y destila en barra. Vaya. *Nisadúba*, es como se oye. ¡Nisadúbaaa!

Todo cae, luego fluye. Recordarás a los maestros bebedores de las esquinas y las piedras del sacrificio, hijos del alba. No puedes olvidar a la Salvaja hechicera, ni a la *Bidxaa*, ni a la muchacha *Guenda* o a *Nisa*, la de los sagrados líquidos. De la locura de los montes proviene la muchacha *Guenda*, aparece en los magueyales, mensajera de Mayahuel. Te hace beber la transparencia, a quien tú ves, poeta, es a la Musa del mezcal que te hace beber y te lleva a toda embriaguez de la palabra y los sentidos.

Cuando con Nisadúba, la Musa del mezcal, te encuentres, procura con discreción beber de la misma copa de dulce herencia. Incluso, al extremo de un beso ¡te hallarás en alturas! No quedará nada. Pierdes una vieja tradición donde los secretos se ocultan hasta que se decantan las palabras. Algunas interrogaciones son válidas: "¿Eres tú, entonces, la misma Diosa Blanca que descendió desde las nubes y que ahora fluye e induce a la copa de cristal de roca?"

—La misma —te dirá, y puedo responderte yo lo mismo—. Propiamente, soy yo, hoy sigo siendo la misma.

Esperas a que responda.

—Vivo en un cántaro de barro, me dibujo en los tejidos. Voy hacia mi santuario para llevar la bebida a las infinitas ansias del alma. ¿Conoces el caminito a Mictlán? Ven.

El camino del crepúsculo es largo y entero y en él corren alucinógenos, y el mezcal se planta al infinito; ella sostiene la copa de cristal de roca pulida. La Musa Nisbal la oprime en una mano, entre sus dedos rebosante; una luna llena dentro al anochecer. No apuesto por lo mismo, pero de ella, su brotar constante, líquida. *Más, más fuerte*, le digo. Y me corresponde. El mezcal es un apretón de manos, un escaparse. Bebí en la asociación rigurosa la misma copa, la misma luna. ¿Podía escucharla hasta el final? La luna brillaba a mil burbujas dentro de nuestra copa y nos la bebimos.

—Canta los ardores del mezcal, Musa de alta embriaguez.

—Estaré donde una palabra la requiera.

Al salir del círculo, la luna estaba todavía allí, esplendorosa en su amistad. ¡Y yo imaginé que la habíamos bebido ya!

—Soy yo misma —dijo Nisadúba, su nombre de verdad—. Pero se iba disolviendo.

La verdad será: de nubes la embriaguez y el doblez de las hojas en la madrugada. Solo, me revolcaba en mis dolores. Escribí en rayas de penca verde _____. Comprobé la multiplicidad del Valle en su embriaguez: belleza, bebida, poesía, cómo la inspiración se aparece en una mezcla de nubes de cielo añil.

Caí —¿o ya estaba?— en otro sueño. Sería magia o su dictado.

Dentro de la copa de cristal de roca, un danzar de sol, viento, nube y relámpago. Pócima de vértigos y fuego contenido. La luna seguía como volar de patos salvajes, regando el cielo con abecedario sereno. Llovía mezcal.

THE MUSE OF MEZCAL

ONCE UPON A TIME, AS THE STORY GOES, SHE DESCENDED IN the form of a cloud, light and volatile; She brought flowers and leaves because it was springtime. She looked and said: "That green feathered dancer of the valleys, who has brought it?

"No one brought him from any distant land: he was born here from an arid sun on steep slopes, as if chained to a rock, until he released his burning blood. Once grown, the maguey is a head of multiple serpents; a warrior with a hundred swords, the strength of a jaguar and the power of a lightning bolt."

She has her crown. From it, springs the sorcery of infernal sweetness, of incandescent rock, sweet to the bat king and his entourage of drinkers. Since old times, that unique phallus in bloom has been like a delight of abandonment, where the kingdom of darkness is reproduced. The aroma of mezcal is full of sweetness, aromas, caresses, shapes, voices, and screams. Believe in its transcendence, and you will fly as before the first deities and their amorous mischief.

While I wandered alone, I saw the shadow, a vision was imposed on me: "That's where it comes from, the nectar of vertigo, dances and songs."

It was she, almost like rain in her transparency: "Mezcal frees us from an infinite thirst for eternity," she replied with words that the wind deforms."The green color, wealth of the mountain and of the precious stones. I am passionate about green maguey these days".

A wave of intoxication took control of me. It had appeared, indescribable.

"Now is your time." Let's go, if that's why you were looking for me.

It is real, do not confuse it with a shadow, a bird, the *Llorona* or the *Salvaja*.

You know, I lost all weight. Know that suddenly it is an apparition with great force that comes from the drunkenness, from the sudden disorder, perhaps a sixth sense with which you can transform a circumstance? Words have uttered such a secret. That is what she is, she is intoxicating. She is not that different from Mayahuel Duuba, the deity in charge of driving crazy those who get so close to the lair of the consecrated maguey that it embeds itself in our pores. "It is the temptation of lovers who wake up coiled in the thorns of free will."

"It's very rich on the palate," I answered, while I was already taking my third sip, then it would be a matter, in which I would be the one to say it.

Suddenly, the animus returned when I asked:

"Are you the same one who sings to the wild at night?"

"I was the first flame of young Cocijo, his first love. I was entangled with him in the mud to create an image and now the fragments of the first drinkers. I go from the pot to the reed. It was I who gave Mr. Lowry the last lines of his piece, his constant guide in hell. That man who walked to Mictlán and back.

"Like the old Llorona," he must have thought.

"It couldn't be any other," she replied.

"I appreciate it," I said, when I was drawn into her charm. How would it be possible over time? Well, by then the wealth of the drink was already upon me.

"You can stay in my words: from now on, whatever I say, make it yours too."

When she said her words, they were already mine, she dictated them to me. No. First, as they can be seen, she led me to a mountain that was unknown to me; then I added myself to her words to make them my own, as in history it has happened before.

"Sing to me the stories of this clear liquid."

I didn't need to beg for anything. Everything was on my side. With her hand entwined in mine she led me to consider what one can do with that haven of drinks. An immense field appeared before my eyes.

"You can walk until your feet wear out," she said. "Far away in the distance you will find the plant you are looking for and you will be enlightened."

I felt that there was a *beyond* where one stops. I looked into the distance and saw it too. The hefty maguey did not seem to have an end, she was her flower.

"Not everyone drinks in this place," she smiled. Out of somewhere she got the drink she gave me, but I didn't see from where. "The words and the drunkenness are mine. Don't hide your intentions either. Come here."

It lives in a clay jug, it is volatile like clouds. It is unveiled by a secret code. Lives, like the small and ethereal place of the ancient people between the leaves and flowers. The wind carried away his voice. I would call her *Flor*, from the heart of the maguey: sweat from the rocks, elixir from the thorns. In the Valley it is the Mezcal Muse, who gives me the floor, intertwines me in the game of let's play "conjugate the verb, to drink: I toast and we get drunk."

"My state of being is as a secret liquid," she pointed out, "If I dissolve, it's because I'm cloud vapor," her speech was the dissolution of aromas. With its appearance you simply let yourself go. "Do we have to walk towards the mezcal?" You hear the echo of her voice as you watch the slow growth of each day; the plant is a rower with fine arms.

Pray because soon you will meet the Mezcal Muse, she can take the form of a clay figurine, a *binniguenda* [a small magic flying being] that, without warning, is in your pitcher, and will appear if you manage to give it three taps—finger music. Ensure that it be at that magical moment when the moon is opposite the setting sun. The Mezcal Muse usually appears, if the ancient gods allow it: Mayahuel, Cocijo, Bacaanda or Pitao.

And so, *Dúba*, Muse of transparencies, sweetened drunkenness that produces conversations, laughter, modulations; an awakening of memory and thought, the instantaneous inspiration, fleeting but exact. It could be chance and luck. But it is better to let yourself be carried away by the findings, as is often the case with said Muse. Leave me, secrets of my ancient voice! A prayer in the sanctuary of the drinkers; don't kneel, stand up like the main stem of a maguey, with such a prayer you invoke her head on. She appears and says her name is *Nisa Dúba*, water of liquid verbs that the fire cooks and distills it on the counter. Oh. *Nisadúba*, is how it sounds. Nisadúbaaa!

Everything falls, then flows. You will remember the drinking masters of the corners and the sacrificial stones, children of the dawn. You cannot forget about the wild sorceress, nor the *Bidxaa*, the *Guenda* girl or *Nisa*, she of the sacred liquids. From the madness of the mountains comes the *Guenda* girl, she appears in the magueyales, messenger of Mayahuel. The transparency makes you drink: the one you see, poet, is the Mezcal Muse who makes you drink and leads you to all intoxication of the word and the senses.

When you meet Nisadúba, the Mezcal Muse, try to drink discreetly from the same goblet of the sweet inheritance. Even at the end of a sip, you will find yourself elevated! There will be nothing left. You lose an old tradition where the secrets are hidden until the words are poured. Some questions are valid: "Then, are you the same white goddess that descended from the clouds and now flows into the crystal rock goblet?"

"The same," she will tell you, and I can answer you the same. "Actually, it's me, today I'm still the same."

You wait for her to answer.

"I live in a clay pitcher, I draw myself on the fabrics. I go to my sanctuary to bring the drink to the infinite yearnings of the soul. Do you know the little path to Mictlán? Come."

The path of twilight is long and complete and hallucinogens run along it, and the mezcal is planted to infinity; she holds the polished rock crystal goblet. The Muse Nisbal presses it in one hand, between her brimming fingers; a full moon inside at dusk. I don't bet on the same thing, but from her, her constant liquids flow. Stronger and stronger, I tell her. And it belongs to me. Mezcal is a handshake, an escape. I drank in rigorous fellowship from the same cup, the same moon. Could I listen to it until the end? The moon shone a thousand bubbles inside our glass and we drank it.

"Sing the passions of the mezcal, Muse of high intoxication."

"I will be where a word needs her."

Coming out of the circle, the moon was still there, resplendent in its friendship. And I imagined that we had already drunk it!

"I am she," said Nisadúba, her real name. But she was dissolving.

The truth will be: of clouds, drunkenness and the folding of the leaves in the early morning. Alone, I wallowed in my pains. I wrote in green stems_____. I verified the multiplicity of the Valley in its intoxication: beauty, drink, poetry, how inspiration appears in a mixture of clouds in an indigo sky.

I fell — or was I already? — into another dream. Was it magic or her will.

Inside the crystal rock goblet, a sun dance, wind, cloud and lightning. Dizziness potion and contained fire. The moon continued like wild ducks flying, watering the sky with a serene alphabet. It was raining mezcal.

TAL VEZ UN GATO

Como te lo cuento, así cuéntalo, no le pongas de tu cosecha, así mero, y sin *ñapa* ni pilón, vaya. Hazlo como si a ti te hubiera sucedido anoche mismo, fiel a la hora y al miedo que a uno le puede dar. Y por qué en estos días no me ves viejo, cansado o triste, sino alegre.

Y lo estoy, por ella, más que la verdad.

Fue la primera o segunda noche, quién sabe si no hasta la tercera. Digo que no lo recuerdo bien porque fueron días entre el desvelo y el atontamiento; en esos primeros días de su muerte anduve de veras que muy atarantado, de la cabeza y del cuerpo. Y no te das cuenta a la hora, sino hasta después, ya que todos se han ido y te calmas un poco y la sangre se te vuelve al lugar.

Asi estuve hasta la noche aquella en que sentí su cuerpo junto al mío, lo sentí, me despertó, escuché sus *gargarantes*, lo que hacen los gatos a la hora de dormir; ese ronroneo. Desde antes dormía en ese catre, sobre todo por el calor, no tanto por no dormir junto a ella. Recuerdo que por eso un día me dijo riéndose: cuando me muera, vengo y me hecho junto a ti. Y se murió antes, y me dejó solo como me ves aquí. Sabía que se iba a morir, tal vez lo sentía en el cuerpo o en el pensamiento; lo sabía ya, como se dice, lo presentía.

Te decía, unas noches, dos o tres, hasta que ya los desvelos de los primeros días se me habían ido cuando me despertó sus pequeños ronquidos. Ya estaba el gato sobre mí. Al moverme sentí lo caliente del cuerpo, pero no hice nada por echarlo, como si alguien me dijera que no lo hiciera, porque no soy cariñoso con los animales, ni con perros ni con gatos.

Pues ese gato siguió llegando todas las noches, cuando ya no me daba cuenta por mi buen dormir, pero a propósito me despertaba su presencia a deshoras de la noche y se iba al quedarme dormido. Así es que nunca lo vi y no supe si era hembra o macho; de qué color sería.

Por su peso sí me di cuenta que era un gato grande, o gata. Ahora digo que debí dirigirle una palabra al menos, pero te sucede lo mismo que cuando estás con alguien, no le dices lo que debías decirle, yo creo que lo que no dices es lo mejor. Me sucedió con ella mochas veces, en tanto iba pasando el tiempo sin que nos hubiéramos hecho viejos precisamente. Pero algo me decía que cuando ella muriera otra vida me esperaba, sin ella gozaría una especie de libertad después de la primera tristeza.

No supe por dónde entraba el gato, bueno, la casa no era precisamente una mansión ni gozaba de tantas cerraduras y tampoco se caracterizaba por sus puertas. Uno podía entrar y salir, nada había que extraviar, para qué asegurar entonces, ni a quien esperar o espantarse de algo; almas siempre ha habido por las noches, de esas almas que salen al atardecer y se van a vagar por todos los rumbos de la noche. Eso, uno lo sabe por la creencia con los demás o por tener con quién hablar cuando uno anda solo. Uno siempre dice que las cosas le suceden a los demás, no a uno. Así siguieron las noches para mí, suaves como el pelaje de un gato, entre el estrujo y lo incómodo, no dormía tan en paz hasta que llegó la costumbre.

Esperar la noche era esperar el gato, Y la noche era ya como un ramo fresco de flores. Llegaba la noche, llegaba el gato, y con el gato llegaba ella también. Sentí que volvía conmigo. Así es como tengo necesidad de decirlo porque ya mi conciencia lo dicta. Todas esas noches fueron mi manera de ser.

Lo que son mis hijos, para entonces cada uno se había ido; nosotros nos habíamos quedado solos, hasta que ella murió vinieron a estarse conmigo, hasta los nueve días y luego volvieron a sus casas con sus hijos, me quisieron llevar, pero yo que voy a ir hacer si solo aquí me sosiego, era como hacerle una traición o dejarla al abandono. Digo que esas cosas de los trastes siempre suenan, ruidos y nada más. Dicen otros que han visto prendido el fogón, yo solo oigo el sonar de las jícaras, el sartén, la tapa de la tinaja, bueno, que algo cae de vez en cuando al suelo. La otra vez soñé el batir de los blanquillos y entonces dije que alguna buena comida tendría. Si, sí, no miento, pues al buen rato, a la hora de la comida me mandaron pescado baldado. Otra vez sentí que en la lumbre estaba puesta una olla de dulce, y al poco rato alguien vino a dejarme un plato de dulce de camote y de calabaza, era tarde de pascuas. Ella hacía estas cosas.

De tanto, un día me decidí hablarle a su retrato, le dije que de todas maneras estaba satisfecho con el trato que me había dado, porque me trató bien con la suerte que me había tocado de ella. Correspondía con las flores que le llevaba, que en ningún momento me había olvidado de ella para nada. Me respondió en el sueño de la noche, que yo siguiera bien, que ella me iba a cuidar; que en mi comida me ayudaría. Me dio tantas recomendaciones para muchas cosas que yo mismo debía prepararme; de los condimentos me dijo. Todo esto lo soñaba mientras el gato dormía pegado a mí. En algún momento la vi más joven en un combinado de lugares de cuando yo era niño, pero luego la vi ya como era, como se fue, sus ojos muy brillantes y sus trenzas ya no muy largas. Hasta entonces me di cuenta de lo mucho que nos habían servido sus manos, a todos nos dio de comer con esas lindas manos, se movían a las vueltas de mí y creo que me tocaban, me acariciaban como nunca, como nunca estuvieron tan cerca, porque, más que la verdad, siempre fueron manos para trabajar y no para el descanso

Supongo que fue hasta los cuarenta días cuando sucedió este último, porque vino esa noche, ya noche, como siempre, a decirme que se iba a alejar por un tiempo. Me dijo que ya estaba muy bien y que por eso se iba a descansar a un lugar fuera de aquí, aunque estaría muy cerca para cuidarme, decía. Que para nada me preocupara, y que no estuviera triste, que me ocupara mejor de mí, que cuidara sus cosas y así iba a vivir muchos años más. Y la vi andar a buen paso, se iba, se iba, se iba hasta cuando ya no la vi, tan suave como el pelaje del gato.

Dormía después como nunca, como si al mismo tiempo fueran muchas noches. Cuando me levanté ya estaba muy alto el sol y desde entonces como he sabido dormir. Me agarran unos sueños como si también estuviera muerto. Pero el gato ha desaparecido también de mí, ya nunca volvió y a ella tampoco la he soñado; bueno, no he soñado con nada ni con nadie.

Muy alto el sol decía yo, verás lo que pasó esa última vez. Sobre la mesa había un ramo de flores, blancas y amarillas. Había tortillas blanditas, había tamales, había mole, había queso, había tortitas de camarón, había atole, había pescado, había unas frutas de monte, había café caliente. Había todo junto, como el banquete para un rey, y eso era para mí.

Hecho todo por unas manos que sabían hacer bien las cosas.

¿Tú crees que por eso voy a estar triste?

MAYBE A CAT

JUST AS I TELL IT, SO TELL IT, DON'T ADD FROM YOUR HARVEST, just like that, and without anything extra, you know. Do it as if it had happened to you last night, faithful to the time and to the fear that it can give you. And because these days you don't see me as old, tired or sad, but happy.

And I am who I am, because of her.

It was the first or second night, who knows maybe not until the third. I say that I don't remember it well because they were days between sleeplessness and confusion; in those first days after her death I was really very dazed, both in my head and in my body. And you don't realize it at the time, but rather later, when everyone has left and you calm down a bit and your blood returns to its place.

I was like that until the night that I felt its body next to mine. I felt it, it woke me up; I listened to its *gargarantes*, what cats do at bedtime, that purr. Even before, it had slept on that cot, mostly because of the heat, not so much because it didn't want to sleep next to her. I remember that's why one day she told me laughing: when I die, I'll come and join you. And she died before, and left me alone as you see me here. I knew she was going to die, perhaps I felt it in my body or in my thoughts; I already knew it, as they say, I sensed it.

I told you, a few nights, two or three, until the sleeplessness of the first days had left me when his little snoring woke me up. The cat was already on me. When I moved I felt the warmth of its body, but I didn't do anything to throw it out, as if someone told me not to, because I'm not affectionate with animals, neither dogs nor cats.

Well, that cat kept coming every night, when I was no longer aware of it because of my good sleep, but nonetheless its presence woke me up late at night and the cat left when I fell asleep. So I never saw it and I didn't know if it was female or male; what color it could be.

Because of its weight, I realized that it was a big tomcat, or a big molly. Now I think that I should have said a word to him at least, but it's the same thing as when you are with someone, you don't tell them what you should have said to them. I think that what you don't say is the best thing. It happened to me with her many times, as time had passed us without having exactly grown old. But something told me that when she died another life awaited me, without her I would enjoy some kind of freedom after a period of grieving.

I did not know where the cat entered. Well, the house was not exactly a mansion nor did it have many locks and it was not characterized by its doors. One could go in and out, there was nothing to lose. Why secure it then, or who to expect or be scared of something; there have always been souls at night, those souls that come out at sunset and go to wander in all directions of the night. That one knows from believing with the others or by (always) having someone to talk to when one is alone. One always says that things happen to others, but not to us. That's how the nights went on for me, soft as a cat's fur, between pondering and not being comfortable. I didn't sleep so peacefully until I got used to it.

Waiting for the night was waiting for the cat. And the night was already like a fresh bouquet of flowers. The night came, the cat came, and with the cat she came too. I felt that she came back to me. This is why I need to say it because my conscience dictates it. All those nights were my way of life.

My children by then, had all gone away; we had been left alone. When she died they came to stay with me, just for nine days and then they returned home to their children. They wanted to take me, but what am I going to do there if this is the only place where I am soothed; it was as if I were betraying or abandoning her. I'm saying those things that sad people say — sounds, noises and nothing more. Others say that they have seen the stove on; I only hear the sound of gourd cups, the frying pan, the lid of the water jar. Well, something that falls to the ground from time to time. The other time I dreamt of the beating of egg whites and then I thought of the good food that I would have. Yes, yes, I'm not lying, because after a while, at lunchtime they sent me breaded fried fish. Another time I felt that there was a pot of candy on the fire, and shortly after, someone came to leave me a plate of sweet potato and pumpkin, it was Easter afternoon. She would do these things.

After everything, one day I decided to talk to her portrait. I told her that in any case I was satisfied with how she had cared for me, because she treated me well. I was lucky that it had been her. It corresponded with the flowers I brought her, that at no moment had I forgotten her at all. She answered me in that night's dream, that I should continue, that she was going to take care of me, that she would help me with my food. She gave me so many recommendations for the many things that I had to prepare myself; she told me about the different spices. I dreamt all of this while the cat slept on me. At some point I saw a younger version of her in a combination of places from when I was a child, but then I saw her as she was, as she left, her eyes very bright and her braids no longer very long. Until then I realized how much her hands had served us; she fed us all with those lovely hands; they moved around me and I think they touched me, caressed me like never before, how they were never so close before, because, truthfully, they were always working hands and not for resting.

I guess it wasn't until after forty days when this last one happened, because she came that night, late at night, as always, to tell me that she was going to be away for a while. She told me that she was doing well now and that is why she was going to rest somewhere away from here, although she would be very close to take care of me, she said. That I shouldn't worry at all, and to not be sad, that I should focus on myself, for me to take care of her things and that way she would live many more years. And I saw her walk away at a good pace, she was leaving, leaving, leaving until I no longer saw her, as soft as the cat's fur.

I slept like never before, as if it were many nights all at once. When I woke up the sun was already very high and since then how I have known how to sleep. Some dreams seize me as if I were dead too. But the cat has also left me; it never came back and I haven't dreamt of her either. Well, I haven't dreamt of anything or anyone.

I would say the sun was very high up; let me tell you what happened the last time. On the table was a bouquet of white and yellow flowers. There were soft tortillas, tamales, mole, cheese, tortitas de camarón, atole, fish, mountain fruits, and hot coffee. Everything was there together, like a banquet for a king, and that was all for me.

All done by hands that knew how to do things well.
With all that, do you think I'm going to be sad?

EL VIENTO ES UNA MULTITUD

—Apúrate hijo, ya mero llegamos, nomás vamos por tu hermano.

Los sonidos venían de arriba, las voces eran una procesión de runruneos.

Padre e hijo se quedaron quietos bajo un árbol de mezquite seco.

—¿Quiénes serán?— preguntó el hijo.

—No sé —se esforzaba el padre—, trató. de reconocer pero no distinguió a nadie.

Por ese camino de arriba abajo cualquiera camina, a pie, a caballo o en carreta, pero pocas veces puede uno encontrarse gente con tanta habladuría y lo feo es que no se le vea.

Un nortecito iba tomando fuerza, habían unas vacas pastando en un corral; a no ser por las voces que avanzaban por el aire, sólo estarían ellos dos arrimados a la orilla del camino, con los pies sobre el suelo terronudo.

—Dices que mi hermano está muy enfermo, ¿y que tal si es a él a quien llevan a enterrar? —preguntaba Crescencio, con sus diez años.

—No hijo, cómo crees —dijo Cirilo, el padre—. Liborio es fuerte y no se va a morir; con el puerquito que vendimos, con eso lo va a curar el doctor, ya verás.

—No está por demás preguntarle a esa gente qué se trae.

—Eso es lo que trato de hacer, pero no veo nada —decía Cirilo—. Me voy a acercar más, quién quita y sean parientes.

—Me pareció escuchar la voz de mi tío Canuto —afirmó Crescencio, así es de ronco.

—Pero si tu tío ya ni caminar puede —contestó el padre.

Pensó un momento y luego decidió:

—Espérame aquí un momento.

—Mejor voy contigo, yo también los quiero ver —pidió el niño, yendo junto a su padre.

Caminaron hasta donde creyeron que pudiera estar la gente de las voces, pero las escuchaban ahora al otro lado de la alambrada.

—¿Es un tecolote? —preguntó el hijo.

Gritó un pájaro de esos que les dicen cortamortaja, uno no los ve, nomás oye su grito y dicen que es por algo malo; se fue volando por otro rumbo. Corrieron para querer alcanzar el vocerío, pero fue inútil, a nadie vieron.

—Parace que van rumbo al cerro —afirmó el padre—, y es que el viento no deja escuchar bien.

—Yo sí distingo; clarito escuché la voz del la señora que ayer nos regaló agua de su tinaja.

—Ya me cansé —Cirilo señaló un lugar para sentarse—. Creo que ya mero amanece, vamos a descansar un rato.

—Yo también —dijo el niño, y se acomodó sobre un tronco seco—. Puede que se acerquen para acá.

Cirilo pensó entonces: "me parace que éstos no son cristianos, se me hace que son otra cosa, más con eso que van rumbo a Cerro Tortuga".

—¿Tienes miedo? —preguntó al hijo.

—Pero me aguanto —se arrimó al cuerpo de su padre—. ¿Crees que sea alguna visión? cuando lleguemos se lo voy a contar a Liborio.

Allí descansaron el resto de la noche y a pesar de sus pensamientos, el cansancio y el sueño los venció. El aire se fue calmando.

Cuando despertaron sólo vieron la luz del día. A Liborio lo enterraron esa misma tarde.

THE WIND IS A CROWD

"Hurry up, son, we're almost there, we're just going to get your brother."

The sounds came from above, the voices a procession of whispers.

Father and son stood still under a dry mesquite tree.

"Who are they?" asked the son.

"I don't know." The father made an effort to hear; he tried to recognize the voices but he couldn't distinguish anyone.

Anyone can walk down that path from top to bottom, on foot, on horseback or in a cart, but rarely can one find people with so much talk; and the worst thing is that they cannot be seen.

A northern wind was gaining strength. There were some cows grazing in a corral; if it hadn't been for the voices advancing through the air, it would only have been the two of them huddled by the side of the road, their feet on the earthy ground.

"You say that my brother is very sick. What if he is the one they are taking to bury?" asked Crescencio, with his ten years of age.

"No son, what are you thinking?" said Cirilo, the father. "Liborio is strong and he is not going to die; with the little pig that we sold, the doctor is going to cure him, you'll see."

"We could just ask those people what they're up to."

"That's what I am trying to do, but I don't see anything," said Cirilo. "I'm going to get closer; who knows they might be relatives."

"I thought I heard my uncle Canuto's voice," Crescencio affirmed." That's how hoarse his voice is."

"But your uncle can barely even walk anymore," replied the father.

He thought for a moment and then decided:

"Wait here for a moment."

"I'd better go with you; I want to see them too," the boy requested, going with his father.

They walked to where they thought the people with the voices might be, but now they heard them on the other side of the fence.

"Is it an owl?" asked the son.

One of those birds called *cortamortaja* shouted—you don't see them, you just hear their cry and they say it's because of something bad—He flew away in another direction. They ran to try to catch up with the shouting, but it was useless; they didn't see anyone.

"It seems that they are heading for the hill," said the father, "and the wind does not let us listen well."

"I can hear clearly; I clearly hear the voice of the lady who gave us water from her clay jar yesterday."

"I'm tired," Cirilo pointed to a place to sit. "I think it's almost dawn; let's rest for a while."

"Me too," said the boy, and he settled down on a dry log. "They may come here."

Cirilo then thought, "It seems to me that these are not Christians. It seems to me that they are something else, more so because they are heading for the *Cerro Tortuga*."

"Are you scared?" he asked his son.

"But I can handle it," getting closer to his father's body.

"Do you think it's some kind of vision? When we get there I'll tell Liborio."

There they rested for the night, and in spite of their thoughts, fatigue and sleep overcame them. The air calmed down.

When they woke up they only saw the light of day. Liborio was buried that same afternoon.

Antonio Pacheco Zárate

ANTONIO PACHECO ZÁRATE. Santa Catarina Juquila, Oaxaca. Ha publicado en periódicos locales y en distintas revistas y páginas literarias. Es autor de la antología de cuentos *Sol de agosto* (Ediciones independientes Matanga/2020), de la que es parte *Y brille para él la luz perpetua*, y de la novela *Centraleros* (Matanga Taller Editorial/2021).

Native of Santa Catarina Juquila, Oaxaca, **ANTONIO PACHECO ZÁRATE** has published in different local newspapers and magazines as well as literary pages in México and in other countries. He published a series of short stories in *Sol de agosto* an anthology with the publisher Matanga Editorial in 2022 to which "Y brille para él la luz perpetua" belongs. He also published the novel *Centraleros* under the same firm Matanga, in 2021.

Y BRILLE PARA ÉL LA LUZ PERPETUA

Lloviznaba todavía. Los caminos estaban cubiertos con un chicle color naranja que retenía el calzado de los dolientes o los hacía resbalar. Pero era su obligación realizar los ritos mortuorios, así estuviese cayendo un chubasco.

Cecilia adelantó los pasos. De frente al cortejo se bajó la mantilla de la cabeza a los hombros y gritó la orden:

—¡Vámonos para la casa de Dolores!

El cuchicheo corrió entre el aroma de las flores y la humedad como si fuese una más de las oraciones.

—¡Dejen de hacerse pendejos! —les gritó encaminándose hacia la vereda bordeada de arbustos verdes y crecidos.

Carmelo pidió a otro que ocupara su sitio bajo el féretro. En su prisa por alcanzar a la viuda resbaló dos veces.

—Pero, comadre, ¡cómo se le ocurre!

—Usted cállese, alcahuete. ¿No es la tradición llevar al muerto a recoger sus pasos?, ¿eh? Pues ahí vamos: a otro lugar de los que Germán frecuentaba.

Carmelo arrojó una mirada a la madre de Cecilia.

—¿No sientes vergüenza de lo que va a decir la gente? —preguntó la señora.

—¿Qué van a decir que no estén diciendo ya? —respondió. La banda de música había vuelto a entonar el Dios nunca muere—. Además, prefiero que se burlen y no que me tengan lástima porque el cabrón estaba con ella cuando...

No pudo terminar. Su madre y los otros guardaron silencio.

Con la puerta y la ventana cerradas, Dolores seguía de rodillas en el petate ante el cuadro del Sagrado Corazón de Jesús que ocupaba todo el altar. Una veladora, que había ardido la noche entera y parte del día, iluminaba la habitación de paredes de ladrillos y techo de asbesto. El doblar de las campanas y el sonido de la banda de música la hicieron callar los rezos. El llanto volvió a quebrarla. Dos días antes, caía un fuerte aguacero cuando Germán al pararse de la cama le dijo: *En un mes nos ponemos a vivir juntos en Rio Grande o en Nopala.* Y en la penumbra se dirigió a la puerta, donde al abrirla entró primero la luz azulada de la luna, luego dos balazos que le perforaron la frente y el corazón. *Da igual si fue uno de sus enemigos políticos*, dijo ella cuando fueron a levantar el cuerpo, *o si fue a causa de otra de sus queridas; a los ojos de todo Juquila yo voy a ser la única responsable. Dirán que así como andaba con un casado ando también con otros, y que uno de ellos fue el que lo mató.*

El retumbar de la música fue cada vez más cercano. Temerosa, salió al corredor, desde donde vio a Cecilia avanzar por el patio y, detrás de ella, a un tumulto con el cajón por delante.

—Tú dirás dónde lo ponemos —dijo Cecilia a Dolores cuando la tuvo cerca.

Dolores no sostuvo la mirada, pero indicó un punto indefinido en el corredor. Lo pusieron cerca de los geranios, sobre el pretil de ladrillos. Una mujer de pelo cano se quitó el rebozo y con él limpió los hilos de agua detenidos sobre el forro azul del cajón. Cecilia rozó a Dolores con brusquedad y levantó la tapa. Se propagó un olor a alcanfor.

Dolores volvió a llorar. Los demás hicieron un círculo en torno a ellas.

—Cecilia, por favor —suplicó su madre—. Ya estuvo bueno, vámonos.

—No sin que le recen una letanía —dijo sin mirar a nadie—. Es la costumbre, y mi obligación de viuda es hacer que se cumpla. ¡Órale, Dolores! ¡A rezar!

Alguien le entregó a Dolores un libro abierto, pequeño y de pastas negras. Leyó la letanía a la que la gente respondió con fervor: "¡Ruega por él!... ¡Ruega por él!"...

Cecilia miró fijamente a Dolores. *Es mucho mayor que yo*, pensó. Ella no había cumplido los dieciséis cuando la obligaron a casarse con Germán. Miró el rostro del difunto. Los algodones en las fosas nasales. *Y sin embargo te amé, y lo habría hecho desde antes si me hubieras enamorado a mí en lugar de a mis padres*. En los siguientes años, cuando a su casa llegaban rumores de los amoríos de su marido, repetía invariable: *Yo no sé nada; no me gustan los chismes*. Pero durante meses se portaba distante y altanera. Sin embargo, como hacían las demás, se convirtió en una mujer de costumbres y obligaciones, y cumplía a cabalidad la de fingir ignorancia. Hacía unas semanas, se había detenido a escuchar detrás de la puerta. Germán y Carmelo platicaban atizados por el mezcal. *Voy a dejar a Cecilia*, había dicho Germán; *me voy a ir con Dolores*. Esa noche, volvió a buscarlo en la cama. *Nunca terminé de entenderte*, le dijo él y, como tantas otras veces, se durmió de espaldas a ella.

Dolores terminó la letanía. Sonó un corrido de los que hacían a Germán gritar de gusto y empinarse la botella.

Elevaron la caja. Dolores la tocó con la punta de los dedos. Retrocedió inclinando la cabeza y se abrió paso entre la gente con la clara intención de meterse en su casa.

—¡Ey, ey, ey…! ¿A dónde vas? Esto no ha terminado, hija de la chingada.

—Cecilia, comprendo tu enojo, pero no es el momento para...

—¡Te callas, cabrona! Órale, andando, que hay que llevarlo a misa. Y ponte unos zapatos que aguanten bien el pinche lodo.

Entraron juntas al templo, detrás del ataúd, y se sentaron en la misma banca, Cecilia con la mirada en el altar, Dolores mirando al piso. Ninguna de las dos elevó la mirada hacia la Virgen de la Inmaculada Concepción, que ocupaba el nicho mayor. Al terminar la misa, cuatro hombres cargaron al difunto. Habrían de llevarlo a recoger sus pasos por la plazuela del pueblo, donde Germán había pasado tantas tardes con los amigos, piropeando muchachas o tratando de convencer a la gente de presionar al gobierno para que les pavimentara la carretera a Puerto Escondido; por las cantinas, donde había amanecido con frecuencia en los últimos meses; por la cancha, donde lo mismo anotaba goles que montaba toros en improvisados jaripeos; y después, al cementerio donde él mismo decía: *ya no habrá más que la paz del silencio compartido por los que ahí están sin estar.*

En el atrio, Cecilia detuvo de un brazo a Dolores. Antes de hablar, dejó que el cortejo se alejara.

—Ahí te lo encargo —le dijo—. Que recoja todos sus pasos y le recen un último rosario antes de echarle la tierra.

—¿Por qué no vas?

—Porque a cada quien le toca entregar lo que tenía de él y aquí termina mi parte —respondió—. Y es que no importa lo que te hizo creer German; su alma era mía.

Dolores intentó replicar, pero Cecilia se alejó a prisa. Pasó de largo el cortejo y siguió en sentido contrario a la procesión. Se detuvo en lo más alto del camino y miró a lo lejos. Bajo la llovizna, una mancha negra avanzaba acompañada de un lejano sonido de banda. Apretó los puños y murmuró:

—Hasta que la muerte nos separe, juraste. Yo sólo te obligué a cumplir.

AND PERPETUAL LIGHT SHALL SHINE FOR HIM

*I*T WAS STILL DRIZZLING. THE PATHS WERE COVERED WITH GUM, orange in color, that either got stuck on the mourners' shoes or made them slip. But it was her obligation to perform the death rites, even if there was a downpour.

Cecilia quickened her steps. Facing the procession, she lowered her shawl from her head to her shoulders and shouted the command:

"Let's go to Dolores's house!"

The whisper traveled amongst the aroma of the flowers and the humidity as if it were one more of the prayers.

"Stop acting stupid!" she yelled at them, heading for the sidewalk lined with overgrown green bushes.

Carmelo asked another to take his place under the coffin. In his haste to catch up with the widow, he slipped twice.

"But, comadre, why would you do that!"

"Shut up, you gossiper. Isn't it tradition to take the dead to retrace his steps?, eh? Well, here we go: to another place that Germán frequented."

Carmelo shot a look at Cecilia's mother.

"Aren't you ashamed of what people are going to say?," asked the lady.

"What are they going to say that they're not already saying?" she answered. The marching band was playing *God*

Never Dies again. "Besides, I'd rather they make fun of me than pity me because the bastard was with her when..."

She couldn't finish. Her mother and the others stayed silent.

With the door and window closed, Dolores was still kneeling on the mat before the painting of the Sacred Heart of Jesus that occupied the entire altar. A candle, which had burned all night and part of the day, illuminated the room with brick walls and an asbestos ceiling. The tolling of the bells and the sound of the band silenced her prayers. Her sadness overwhelmed her and she began to weep once more. Two days before, there was a heavy downpour when Germán got up from bed and said: *In one month we can live together in Rio Grande or in Nopala.* And in the shadows he went to the door, where when he opened it the bluish light of the moon entered first, then two bullets pierced his forehead and heart. *It doesn't matter if it was one of his political enemies*, she thought when they went to pick up the body, *or if it was because of another one of his lovers; In the eyes of all of Juquila, I am going to be the only one responsible. They will say that just as I was with him, a married man, I am also with others, and that one of them was the one who killed him.*

The rumble of music was getting closer. Fearful, she went out into the corridor, from where she saw Cecilia advancing through the patio and, behind her, a commotion with the coffin up front.

"You tell us where to put him," Cecilia said to Dolores when she was close to her.

Dolores did not meet her gaze, but indicated an indefinite point in the corridor. They put him near the geraniums, on the brick parapet. A gray-haired woman took off her shawl and with it wiped the trickles of water stuck on the blue lining of the coffin. Cecilia brushed against Dolores roughly and lifted the lid. The smell of camphor spread.

Dolores cried again. The others made a circle around them.

"Cecilia, please," her mother pleaded. "That's enough, let's go."

"Not without a litany being recited," she said without looking at anyone. "It is tradition, and my duty as a widow to enforce it. Come on, Dolores! Pray!"

Someone handed Dolores a small open book with black covers. She read the litany to which the people responded fervently: "Pray for him!... Pray for him!"

Cecilia stared at Dolores. *She's so much older than me*, she thought. She had not yet turned sixteen when they forced her to marry Germán. She looked at the face of the deceased. Cottons in his nostrils. *And yet I loved you, and I would have done so even sooner if you had fallen in love with me rather than my parents*. In the following years, when rumors of her husband's love affairs reached her house, she would invariably repeat: *I don't know anything; I do not like gossip*. But for months she was distant and arrogant. However, as the others did, she became a woman of customs and obligations, and fully complied with the feigning ignorance. A few weeks ago, she had stopped to listen behind a door. Germán and Carmelo talked, fueled by the mezcal. *I'm going to leave Cecilia*, Germán had said; *I'm going to go with Dolores*. That night, she went back to look for him in bed. *I never understood you*, he told her and, like so many other times, he fell asleep with his back to her.

Dolores finished the litany. A *corrido* played, the kind that used to make Germán yell with delight and take a swig from his bottle.

They raised the coffin. Dolores touched it with her fingertips. She backed away, lowering her head, and pushed through the crowd, clearly intending to get back into her house.

"Hey, hey, hey...! Where are you going? This isn't over, motherfucker."

"Cecilia, I understand your anger, but this is not the time to..."

"Shut up, bitch! Come on. Walk. We have to take him to mass. And put on some shoes that can handle the fucking mud."

They entered the temple together, behind the coffin, and sat on the same bench, Cecilia looking at the altar, Dolores looking at the floor. Neither of them looked up at the Virgin of the Immaculate Conception, who occupied the main niche. At the end of the mass, four men carried the deceased. They would have to take him to retrace his steps through the town square, where Germán had spent so many afternoons with his friends, complimenting girls or trying to convince people to put pressure on the government to pave the highway to Puerto Escondido; through the bars, where he had often woken up in the recent months; on the field, where he scored goals as well as rode bulls in improvised rodeos; and later, to the cemetery where he himself said: *there will be nothing more than the peace of silence shared by those who are there without being there.*

In the atrium, Cecilia stopped Dolores by the arm. Before speaking, she let the procession move away.

"Take care of the rest," she told her. "Have him retrace all his steps and pray one last rosary before burying him."

"Why aren't you going?"

"Because it's up to each person to give up what they had and this is where my part ends," she replied. "And it does not matter what German made you believe; his soul was mine."

Dolores tried to reply, but Cecilia hurried away. The procession passed by and she continued in the opposite direction. She stopped at the top of the path and looked into the distance. Under the drizzle, a black spot advanced accompanied by a distant band sound. She clenched her fists and muttered,

"Till death do us part, you swore. I only forced you to stay true to your word."

UNA CAJA Y CUATRO VELAS

UNA TOLVANERA ENVOLVIÓ POR SORPRESA AL ANCIANO. Trastabilló hasta detenerse de golpe flaqueando una pierna. Dibujó un gesto de dolor. Torció el pie sobre la goma del calzado y miró. Le escurría un hilillo de sangre.

Atravesó el patio, apurado y renqueando. Tuvo que aventar a manotazos el alborozo del perro para conseguir abrir la desvencijada portezuela de la cocina, separada del dormitorio por una tela amarrada con cintas. Ambos espacios eran pequeños, de tablas deterioradas por el tiempo, piso de tierra, grandes rendijas por las que escapaba el humo o se colaba el viento. Todas las casas alrededor mostraban las mismas condiciones sobre un paisaje esculpido por las sequías.

Su mujer levantó una tortilla de maíz del comal y lo miró con fastidio.

—Cierra esa puerta, caramba, que ya conoces al mañoso de tu perro —dijo. Él obedeció—. Acuérdate de lo que nos hizo con la bolsa de galletas que me regaló nuestra ahijada. ¡En nuestras narices se dio mejor cena que nosotros!

El anciano se sentó y se quitó una sandalia. Le pasó suavemente la mano por ambos lados.

—¿Qué haces? ¡Te he hablado mil veces de la diferencia entre pobreza y suciedad! —dijo la mujer mientras apagaba el fuego del comal. Luego destapó una olla de barro, de donde surgió un vapor denso, y agregó—: Ve a lavarte las manos, que ya vamos a comer.

Dejó caer la sandalia y apretó el talón contra la pata de la mesa. Ella retomó el asunto del perro.

—Desde hace tiempo debimos quemarle el hocico para quitarle lo cusco. Si nos descuidamos, cualquier día de estos nos deja sin comer.

—Me da lástima. Lo que se les quema es la campanilla, no el hocico. El dolor ha de tardar varios días.

—Pero él no tiene lástima de nosotros. —Le puso enfrente un caldo en el que flotaban algunos frijoles.

—A este paso —dijo mirando el plato—, en lugar de entrar, el perro va a querer salir corriendo. —Un gesto de dolor interrumpió el intento de una sonrisa.

—A este paso nos lo vamos a comer a él después de vender la gallina que nos queda —alegó ella.

—No debiste vender ninguna. Ese dinero se nos fue como el agua —Se dirigió al lavadero. Ella lo siguió.

—Había que pagar las deudas —dijo y le entregó una lata con un poco de detergente—. La gallina que nos quedamos es ponedora, no tarda en estar culeca. Primero Dios este año sí llueva y tengamos chepiles. Y con un poco de suerte, hasta chicatanas.

El anciano flexionó la pierna y se lavó el pie a jicarazos; ya no sangraba.

—¿Qué te pasó?
—Nada, mujer, nada.
—¿Cómo nada? ¡Déjame ver!
—Seguro fue una espina.
—¿Y si fue un clavo? —Insistió en mirar—. Tú no tienes la vacuna del tétanos. Deberíamos ir al doctor.

El perro se acercó a ellos. La mujer le lanzó una advertencia. El animal, con la cola entre las patas, corrió a echarse por el brocal del pozo.

—Decía nuestra hija que no sólo en los metales está el tétanos. ¿Y qué doctor me querrá atender gratis? El centro de salud se convirtió en otra casa abandonada.
—Vendemos la gallina.
—No, mujer, no. Al rato busco allá enfrente. —Señaló el lugar sin mirar—. Si encuentro el clavo, lo pones a hervir y me tomo la infusión y ya. De algo me tengo que morir de todos modos.

La conversación continuó en la mesa.

—Cuando ese día llegue, compra la caja más barata y cuatro velas. El dinero que traiga la gente, guárdalo, no lo uses en esa tontería del novenario de rezos y el cabo de año. Yo me encargo de hacerles saber allá arriba que me tengo bien ganada la gloria, después de tantos años de malvivir esperando a que se acordaran de nosotros.

—¡No reniegues! Y menos en la mesa, que aunque tortilla con sal y agua, Dios no nos abandona.

—Hace rato que para seguir, a mí ya no me alcanza ni la fe, mujer.

Ella no le rebatió.

—Después del entierro, vende este terreno y vete a casa de alguna de tus hermanas. A ella entrégale las tres cuartas partes del producto de la venta…

—¡Las tres cuartas partes!

—Sí, que sepan que después de eso te quedas con apenas nada para cualquier necesidad. Así no te tomarán por una arrimada. Y procura que mucha gente se entere del trato. Pregúntale a la hermana que tenga a bien recibirte si puedes llevar contigo al perro. Así no tendrías que abandonarlo a su suerte.

—Ese animal dañino, ¿quién me aceptaría con él? Y de hacerlo nos corren el mismo día. Ahora que, pensándolo bien, con el genio que me cargo es más probable que decidan quedarse al perro y me corran a mí —dijo, echándose a reír de forma tan contagiosa que rieron por un buen rato los dos—. ¿Por qué me dices estas cosas? —preguntó ya recuperada.

—Estamos viejos. Tenemos que pensar con la cabeza fría. No tardo en morirme o, peor aún, en ser una carga. Creímos que nuestra hija cuidaría de nosotros y mira: allá arriba, donde todavía confías que nos procuran, decidieron llevársela antes.

—Él sabe por qué hace las cosas y cuándo. No me gusta escucharte hablar como si desearas morir.

—En mi situación, el deseo y el presentimiento son la misma cosa. Lo que más me preocupa ahora es que tú te enfermes de algo grave y no sepamos ni qué hacer, y desde este lugar resultará más difícil todavía si te quedas sola. Por eso quiero que te vayas al pueblo con alguna de tus hermanas.

—Tú lo que andas buscando es deshacerte de mí de una vez para buscarte otra.

—Una que no se queje de mi perro —completó con seriedad, el índice levantado. Apartó el plato y se incorporó.

—¿A dónde vas?

—A frotarme un poco de alcohol en los pies y recostarme un rato.

Sentado en el borde de la cama, el anciano entrecerró los ojos y examinó otra vez el calzado. Con la sandalia en la mano, el pie descalzo en puntillas, fue a levantar la tela que cubría la ventana. En la calle, su mujer buscaba afanosa en el suelo, cerca de donde recibiera el pinchazo. Ella se enderezó mirando hacia arriba. Las primeras gotas de lluvia rebotaron en el tejado.

A CASKET AND FOUR CANDLES

A DUST STORM ENVELOPED THE OLD MAN BY SURPRISE. He stumbled to a stop, one leg faltering. He made a painful facial expression. He turned his foot on the rubber side of his shoe and looked. A trickle of blood dripped from it.

He crossed the courtyard, hurried and limping. He had to push away the excited dog to get the rickety kitchen door open, separated from the bedroom by a piece of cloth tied up with ribbons. Both spaces were small, with boards deteriorated by time, a dirt floor, large cracks through which smoke escaped or the wind filtered through. All the surrounding houses showed the same conditions on a landscape sculpted by droughts.

His wife lifted a corn tortilla from the griddle and looked at him with annoyance.

"Geez, close that door, you already know how clever your dog is," she said. He obeyed. "Remember what he did to us with the bag of cookies our goddaughter gave me. Right under our noses he had a better dinner than us!"

The old man sat down and took off a sandal. He ran his hand gently on both sides.

"What are you doing? I have told you a thousand times about the difference between being poor, and being dirty!" the woman said as she put out the fire on the griddle. Then she uncovered a clay pot, from which a dense vapor arose, and added, "Go wash your hands, we're about to eat."

He dropped his sandal and pressed his heel against the table leg. She returned to the matter of the dog.

"We should have burned his snout a long time ago to get rid of his nosiness. If we get distracted, one of these days he'll leave us without any food."

"I feel sorry for him. What they burn is the tonsils, not the snout. The pain must last several days."

"But he doesn't feel sorry for us." She put a broth in front of him in which some beans floated around.

"At this rate," he said, looking at the plate, "instead of coming in, the dog is going to want to run out." A grimace of pain interrupted the attempt at a smile.

"At this rate we're going to eat him after selling the last chicken we have left," she argued.

"You shouldn't have sold any of them. That money disappeared like water." He went to the sink. She followed him.

"The debts had to be paid," she said, handing him a can with a little bit of detergent. The one that we kept is a laying hen, it won't be long before she's a brooding hen. God willing, this year if it rains and we have *chepiles*. And with a bit of luck, even *chicatanas*."

The old man flexed his leg and washed his foot with a small bowl, his wound no longer bleeding.

"What happened?"

"Nothing, dear, nothing."

"What do you mean nothing? Let me see!"

"It must have been a thorn."

"And if it was a nail?" She insisted on looking. "You don't have your tetanus shot. We should go to the doctor."

The dog approached them. The woman harshly warned him away. The dog ran away to lie down by the edge of the well, with its tail between its legs.

"Our daughter said that tetanus is not only found in metals. And what doctor will want to treat me for free? The health center became another abandoned house."

"We are selling the chicken."

"No, dear, don't. I'll look out front for it later." He pointed to the spot without looking, "If I find the nail, you can boil it and then I'll drink the infusion and that's it. We all gotta die of something."

The conversation continued at the table.

"When that day comes, buy the cheapest casket and four candles. The money that people bring, save it, don't use it on the nine-day period of prayers and that one year anniversary nonsense. I'll make sure to let them know up there that I have earned my place in heaven, after so many years of living badly waiting for them to remember us."

"Don't complain! And much less at the table, even if it's just tortillas, salt, and water, God does not abandon us."

"It's been a while since faith isn't enough for me to continue, dear."

She didn't rebuke him.

"After the burial, sell this land and go live with one of your sisters. Give her three quarters of the proceeds of the sale…"

"Three quarters!"

"Yes, let them know that after that you are left with hardly anything for any need. That way they won't take you for a freeloader. And try to let a lot of people know about the deal. Ask your sister who will be kind enough to receive you if you can take the dog with you. That way you wouldn't have to abandon him to his fate."

"That vermin, who would take me with him? And if they do, they'll kick us out that same day. Now, thinking about it, with the temper I've taken, it's more likely that they'll decide to keep the dog and kick me out," she said, laughing so contagiously that they both laughed for a long time. "Why are you telling me all of this?" she asked, after recovering from her fit of laughter.

"We are old. We have to be level-headed about this. It won't be long until I die or, worse still, become a burden. We thought our daughter would take care of us and look: up there, where you still trust that they are looking out for us, they decided to take her away first."

"He knows why and when he does things. I don't like hearing you talk about you wanting to die."

"In my situation, desire and premonition are the same thing. What worries me the most now is that you'll get sick with something serious, and we won't even know what to do, and from this place it will be even more difficult if you are left alone. That's why I want you to go into town with one of your sisters."

"What you're looking for is to get rid of me once and for all, to find yourself another woman."

"One that doesn't complain about my dog," he added sarcastically, his index finger raised. He pushed the plate away and stood up.

"Where are you going?"

"To rub some alcohol on my feet and lie down for a while."

Sitting on the edge of the bed, the old man narrowed his eyes and examined the shoes again. Cautiously stepping, with a sandal in hand, he went to lift the cloth that covered the window. In the street, his wife was looking hard on the ground, near where he had hurt himself. Then she stood, looking up. The first drops of rain bounced off the roof.

Liana Pacheco

Liana Pacheco inicia su formación literaria en 2018 en el taller "Escribe en corto una novela", que impartió el cronista J.M. Servín. Después se incorpora al Colectivo Cuenteros. Ha publicado en revistas culturales de México, antologías y la revista colombiana Corónica. En 2019, publicó una selección de cuentos en un fanzine artesanal que presentó en la 39º feria del libro Oaxaca y fue seleccionado en la convocatoria "Coyoacán en tus letras". En 2020 su antología "Dualidad de caos" gana el premio literario Parajes, impulsado por la Secretaría de las Culturas y Artes de Oaxaca.

Liana Pacheco began her literary training in 2018 in the short novel workshop, "Escribe en corto una novela", given by the columnist J.M. Servín. Later she joined the storytellers group, "Colectivo Cuenteros". She has published in cultural magazines in Mexico, anthologies and the Colombian magazine *Corónica*. In 2019, she published a selection of stories in a handmade fanzine that she presented at the convening of the 39th Oaxaca Book Fair and was selected in the "*Coyoacán en tus letras*". In 2020 her anthology "*Dualidad de caos*" won the Parajes Literary Prize, promoted by the Secretary of Cultures and Arts of Oaxaca.

ROJO PROFANO

Le decíamos "Mamá Chata". Aunque yo le decía que en la punta de su nariz guardaba un miltomatito criollo, de esos que luego crecen en la milpa. Me gustaba que ella nos cuidara, sabía leer y escribir. Casi siempre nos contaba cuentos, pero ya no me acuerdo de ninguno. Yo le pedía que nos contara de cuando era joven y de su trabajo como niñera en una hacienda. Decía que una vez vio al presidente Porfirio Díaz. Cuando le mostré mi libro de la escuela no recordó si era el mismo.

"Mamá Chata" se murió de tristeza pocos meses después de que Juan, su hijo, mi padre, cayera de un árbol. Ella se marchitó, se encorvó y sus ojos se clavaron en el suelo como si buscara un modo de ir bajo tierra a traer a su Juan.

Mi madre enviudó con tres hijos; uno de estos aún colgaba de su pecho. Sin embargo, en ella cayó la responsabilidad de cuidar a su familia y en sus hombros el canasto de tortillas con que se ganaba el sustento. Luego de la muerte de "Mamá Chata" tuvimos que ir a vivir con la abuela Delfina, una mujer a la que casi nunca visitábamos porque era enfadosa y poco amable.

Delfina me prohibió ir a la escuela; dijo que yo debía aprender cosas más importantes como usar el metate y hacer tortillas en el comal. Ella pensaba que estudiar iba en contra de los designios de Dios, por lo que me mandó al catecismo, un pequeño cuarto al costado de la iglesia del pueblo.

Pensé que sería igual a la escuela. Había niños y una mujer explicaba las lecciones de un grueso libro, pero a los pocos días me aburrí. No entendí las palabras de las oraciones que recitábamos. ¿Cuál era el pecado original? ¿Por qué era tan mala la *formicación*?

Acudí a mi madre para que convenciera a Delfina de que me mandara a la escuela, pero me dijo que no tenía dinero, lo poco que ganaba apenas era suficiente para sustentar a la familia.

Me conformé con extrañar la escuela y los juegos de la hora del recreo. Nunca me gustaron las lecturas de la catequista, hasta el día que leyó la historia de una mujer con la que Dios tuvo un hijo, una mujer obediente en cumplir sus mandamientos. Esa noche no pude dormir pensando: si Dios había sido capaz de que esa mujer tuviera un bebé, ¿qué me liberaría de que él me eligiera como madre de su segundo hijo? Aquella mujer era trabajadora, obediente a sus padres y oraba mucho. Yo también, desde temprano mi trabajo era ayudar a Delfina, le obedecía en todo y durante el catecismo me la pasaba repitiendo oraciones.

El miedo se apoderó de mí. No quería estar embarazada, no quería sufrir como mi madre, que trabajaba y siempre volvía agotada y molesta y, además, debía atender a mis hermanos.

Pensé en portarme mal, pero al recibir de Delfina un cucharazo por negarme a hacer las tortillas, volví al camino del bien. Algunos días veía mi panza más grande y pensaba que ya había quedado preñada.

Al catecismo iba Martina, una niña mayor que vivía con su madre, esa mujer salía todas las noches a trabajar y regresaba hasta el mediodía siguiente. Martina se quedaba a jugar hasta tarde en la plaza del pueblo. A ella me atreví a preguntarle si sabía qué hacer para no quedar preñada. Ante mi desesperación me dijo que no, aunque cuando veía a su mamá sangrar era porque no estaba embarazada.

—¿Sangrar? ¿De dónde? —pregunté.

—De ahí abajo, de donde haces pipí.

Diariamente revisaba mis calzones con el anhelo de encontrar la mancha que me liberaría de esa angustia. Una angustia que se entretejió al tiempo que transcurrió mi infancia.

Una mañana desperté temprano porque me dolía la barriga. Al verme levantada, Delfina me ordenó acompañarla a traer leña. En el camino me dijo que recogiera azucenas para venderlas en el mercado. Cada vez que me agachaba, el dolor era más fuerte, pero no le dije nada por miedo a que me regañara.

Cuando volvimos, mi madre había puesto la olla de atole en el brasero. Me apresuré a entrar porque necesitaba ir al baño, no llegué. Dejé caer las flores cuando sentí que un líquido cálido recorría desde mi entrepierna hasta mis muslos. En el suelo algunas azucenas se tiñeron de puntos rojos.

—¡Mira, mami! —exclamé con alegría.

Ella y mi abuela voltearon hacia el florecimiento de mi vientre. No entendí por qué no se alegraron de que no fuera elegida de Dios.

—Ahorita que acabemos de almorzar vas a casa de don Gregorio a preguntar por la dote de esta chamaca —ordenó mi abuela.

Mi madre me miró, bajó la mirada y asintió.

UNHOLY RED

We called her "Mamá Chata". Although I would tell her that on the tip of her nose she kept a small native green tomato, one of those that sometimes grows in the milpa. I liked that she took care of us, she knew how to read and write. She almost always told us stories, but I don't remember any of them anymore. I asked her to tell us about when she was young and her job as a babysitter on a farm. She said that she once saw President Porfirio Díaz. When I showed her my school book, she didn't remember if it was the same guy.

"Mamá Chata" died of sadness a few months after Juan, her son, my father, fell from a tree. She withered, hunched over, her eyes fixed on the ground as if searching for a way to go underground to bring her Juan back.

My mother was widowed with three children; one of them was still in a baby sling on her chest. However, the responsibility of caring for her family fell on her and on her shoulders the basket of tortillas with which she earned her living. After the death of "Mamá Chata" we had to go live with Grandma Delfina, a woman we almost never visited because she was annoying and unkind.

Delfina forbade me to go to school; She said that I should learn more important things like using the *metate* and making tortillas on the griddle. She thought that studying was against God's designs, so she sent me to catechism, a small room next to the town church.

I thought it would be the same as school. There were children and a woman explained the lessons in a thick book, but after a few days I got bored. I did not understand the words of the prayers we were reciting. What was the original sin? Why was *fornication* so bad?

I went to my mother to convince Delfina to send me to school, but she told me that she had no money, the little she earned was barely enough to support the family.

I made my peace with missing school and the games at recess. I never liked the catechist's readings, until the day she read the story of a woman with whom God had a son, an obedient woman in fulfilling his commandments. That night I couldn't sleep thinking: if God had been able to cause that woman to have a baby, what would stop him from choosing me as the mother of his second child? That woman was hardworking, obedient to her parents and prayed a lot. Me too, from early morning my job was to help Delfina, I obeyed her in everything and during catechism I kept repeating prayers.

Fear seized me. I didn't want to be pregnant, I didn't want to suffer like my mother, who worked and always came back exhausted and upset, and still had to take care of my siblings.

I thought about behaving badly, but when I received a spoon whack from Delfina for refusing to make the tortillas, I returned to the path of goodness. Some days I would see my belly looking bigger and think I was already pregnant.

Martina, an older girl who lived with her mother, went to catechism. That woman went out to work every night and returned at noon the following day. Martina would stay out late to play in the town square. I dared to ask her if she knew what one did to avoid getting pregnant. Given my despair, she told me no, although when she saw her mother bleed it was because she was not pregnant.

"To bleed? From where?" I asked.

"Down there, where you pee."

Every day I checked my underwear with the desire to find the stain that would free me from that anguish. An anguish that was interwoven as my childhood passed.

One morning I woke up early because my stomach hurt. Seeing me up, Delfina ordered me to go with her to bring firewood. On the way she told me to pick lilies to sell at the market. Every time I bent down, the pain got stronger, but I didn't say anything to her for fear that she would scold me.

When we returned, my mother had put the pot of *atole* on the stove top. I rushed in because I needed to go to the bathroom, but I didn't make it. I dropped the flowers when I felt a warm liquid run down my inner thigh. On the ground some lilies were stained with red dots.

"Look, mom!" I exclaimed happily.

She and my grandmother turned to the blossoming of my womb. I did not understand why they were not glad that I was not chosen by God.

"When we finish having lunch, you're going to Mr. Gregorio's house to ask about this girl's dowry," my grandmother ordered.

My mother looked at me, looked down, and nodded.

Cuauhtémoc Peña Vásquez

CUAUHTÉMOC PEÑA VÁSQUEZ, maestro en literatura. Ha publicado narrativa, poesía y textos de divulgación sobre Oaxaca. Ha sido editor del Fondo Editorial del IEEPO, la Secretaría de Culturas y Artes de Oaxaca, Punta Cometa, Lluvia Oblicua Editores y de publicaciones del Senado de la República, entre otra entidades. Actualmente es editor de *1450 Ediciones*, de la cual es socio fundador, asimismo del espacio cultural *1450. Estación de las Artes*. Obtuvo en dos ocasiones la beca a jóvenes creadores y en una ocasión la de creadores con trayectoria del Foesca por la disciplina de letras. En 2021 fue jurado y tutor de becarios del Fondo Nacional para la Cultura y las Artes. Algunos de sus libros de narrativa son: "Sueños y realidades" (1990), "Olor de memorias" (1994), "La muerte entre la grama" (1998), "El viento de la tarde entró por la ventana" (2000), "Doce historias de amor y otra estafa" (2015), y Mi abuela es una sirena y mi abuelo es un camaleón" (2018).

Cuauhtémoc Peña Vásquez, is a literature teacher. He has published narrative prose, poetry, and popular texts about Oaxaca. He has been editor of the Editorial Fund of *IEEPO* (The Public Education Institute of the State of Oaxaca by its initials in Spanish), the Secretary of Cultures and Arts of Oaxaca, *Punta Cometa, Lluvia Oblicua Editores* and publications of the Senate of the Republic, among other entities. He is currently the editor of *1450 Ediciones*, of which he is a founding partner, as well as the cultural space of *1450. Estación de las Artes*. On two occasions he obtained the scholarship for young creators and on one occasion the scholarship for creators with a trajectory of Foesca for the discipline of letters. In 2021 he was a jury and tutor for scholarship holders from the National Fund for Culture and the Arts. Some of his narrative books are: "*Sueños y realidades*" (1990), "*Olor de memorias*" (1994), "*La muerte entre la grama*" (1998), "*El viento de la tarde entró por la ventana*" (2000), "*Doce historias de amor y otra estafa*" (2015), and "*Mi abuela es una sirena y mi abuelo es un camaleón*" (2018).

CYMBALTA Y RIVOTRIL VS. OPTIMISMO

Hace algunos meses, anticipando la primavera, sembré frente a la casa unas ramas de *cacalosúchil* o "flor de mayo", plantas nobles porque no requieren agua y sus racimos de flores, a veces rosas, a veces amarillas, blancas, rojas, matizadas, son admirables para cualquiera. Como era de esperarse, en estos días comenzaron a florecer; quien las ha visto ya sabe de la belleza a la que me refiero. Las amarillas y las rosas, por mucho, son mis preferidas.

Pero tenía que ser hoy en la mañana, cuando al asomarme por la ventana noté la ausencia de las flores. Salí para saber lo que pasaba: sólo tallos con la goma aún escurriendo. Maldije a ese alguien que más temprano, o quizá aprovechando la noche, las había cortado; eso sucede en ocasiones con la hermosura, es tuya o de nadie. Bueno —pensé—, algún vecino tendrá un lindo ramo de flores en casa, eso sí, que chingue a su madre.

¡Otra sorpresa! Y peor todavía. Unos pasos adelante, el o la hija de puta había dejado las flores en la banqueta. Ni para recogerlas, ya estaban marchitas.

Soy hijo del pesimismo, por lo tanto me mantengo alejado de los optimistas, de aquellos que creen que podemos ser o hacer las cosas mejores cuando nos lo proponemos. El incidente de esta mañana me confirmó mi pensamiento, y por alguna razón me recordó a mi abuelo Ezequiel, a quien no conocí porque lo asesinaron, pero lo recuerdo.

Dicen que fue por ahí de los años veinte del siglo pasado, después de la guerra, que es como le llamaron en la costa a la revolución, pasando el hambre y la peste que trajo consigo. En la región murió tanta gente que no había tiempo para velarlos ni lugar en los panteones para el entierro. Cuentan que los enfermos sin remedio, moribundos pues, los enterraban en las barrancas para no verlos sufrir más o por orden de la autoridad. Los infortunados balbuceaban "tole, tole", mientras los sepultureros les respondían: "¡Qué atole ni que atole, tierra quiere tu cuerpo!".

Los optimistas de ese tiempo, igual que los de hoy, seguramente pensaron que después de esas tragedias colectivas la gente cambiaría para bien, al menos un poco.

Pero qué va, a los pueblos, entre estos al de mi abuelo, llegó otro azote, los gavilleros, bandas de hombres comunes y corrientes que con el pretexto del hambre y la pobreza en que los había dejado la desgracia entraban por las noches a los caseríos, a punta de retrocargas y pistolas, a robar ganado, maíz, chile, ajonjolí, tabaco… y mujeres.

La respuesta a estos maleantes fue, según dice la historia, la guardia rural, es decir, otros hombres que se armaban para defender a sus familias. Así dejó la vida mi abuelo Ezequiel, jefe de la guardia de San Sebastián Ixcapa; él espantó a los gavilleros una, dos veces, pero la tercera fue la vencida y lo acabaron a balazos cuando no pasaba de los treinta años, la mitad de los que yo tengo.

Ahora escucho hasta el hartazgo que después de esta peste vamos a ser otros, que cambiaremos, que tenemos que ser mejores; pregonan los optimistas que el mundo que conocimos hasta el 2019 ya no volverá, que debemos aprender esta lección de vida…

Perdónenme el pesimismo, pero durante estos días, aparte de la pandemia, las noticias abundan en hechos criminales que en lugar de estar guardados como la mayoría lo hacemos, se multiplican. Sé que no se compara, pero he visto que mis vecinos no han dejado de pasear a sus perros para mearse la calle y zurrarse en los jardines, perros, por cierto, que entre más contrahechos, más bonitos y codiciables les parecen.

Insisto, perdonen mi desesperanza, pero yo, al menos pretendo seguir siendo la misma persona de antes, por ello, no olvido mi Cymbalta de 60 mg por la mañana y doce gotas de Rivotril de 2.5 ml antes de dormir.

Cuauhtémoc Peña, mayo 2020

CYMBALTA AND RIVOTRIL VS. OPTIMISM

A FEW MONTHS AGO, ANTICIPATING SPRING, I PLANTED IN front of the house some branches of *cacalosúchil* or "plumeria", noble plants because they do not require water and their clusters of flowers, sometimes pink, sometimes yellow, white, red, or tinged, they are admirable for anyone. As expected, these days they began to flourish; whoever has seen them already knows the beauty and understands. The yellows and the pinks, by far, are my favorites.

But it had to be this morning, when I looked out the window and noticed the absence of the flowers. I went outside to find out what was happening: only stems with the gum still dripping. I cursed that someone who earlier, or perhaps taking advantage of the night, had cut them; that sometimes happens with beauty, it's either yours or nobody's. Well —I thought—, some neighbor will have a nice bouquet of flowers at home, but, his mother can go to hell.

Another surprise! And even worse. A few steps ahead, the son of a bitch had left the flowers on the sidewalk. Not even worth picking them up now, they were already withered.

I am the son of pessimism, therefore I stay away from optimists, from those who believe that we can be or do better things when we set our minds to it. This morning's incident confirmed my thinking, and for some reason it reminded me of my grandfather Ezequiel, whom I didn't know because he was murdered, but I remember him.

They say that it was around the twenties of the last century, after the war, which is what they called the revolution on the coast; all were suffering from hunger and the plague that it brought with it. So many people died in the region that there was no time to hold a wake for them or to place them in the cemeteries for burial. They say that the hopelessly sick, dying, were buried in the ravines so as to not see them suffer anymore or by the order of the authorities. The unfortunates stammered "*tole, tole*", while the gravediggers answered them: "What *atole*, the earth wants your body!".

The optimists of that time, like those of today, surely thought that after these collective tragedies people would change for the better, at least a little. Nevertheless, for these towns, including my grandfather's, came another scourge, the gang members, bands of ordinary men who, under the pretext of hunger and poverty that misfortune had left them in, entered the villages and farmhouses at breechloader and gun point during the night, to steal cattle, corn, chili peppers, sesame seeds, tobacco... and women.

The response to these thugs was, as the story goes, the rural guard, that is, other men who armed themselves to defend their families. This is how my grandfather Ezequiel, chief of the San Sebastián Ixcapa guard, died; He scared the gang members away once, twice, but the third time was the charm and they finished him off with bullets when he was no more than thirty years old, half as old as I am now.

Now I hear ad nauseam that after this plague we are going to be different, that we will change, that we have to be better; the optimists proclaim that the world we knew until 2019 will no longer return, that we must learn this life lesson...

Forgive my pessimism, but during these days, apart from the pandemic, the news abounds in criminal acts that instead of keeping to themselves as most of us do, they multiply. I know it doesn't compare, but I have seen that my neighbors have not stopped walking their dogs to piss in the street and shit in the gardens. Dogs, by the way, that the more misshapen they are, the more beautiful and sought after they seem.

I insist, forgive my despair, but I, at least intend to continue being the same person as before, therefore, I do not forget my 60 mg of Cymbalta in the morning and twelve 2.5 mL drops of Rivotril before bed.

Cuauhtémoc Peña, May 2020

PUNTACANDELA

Encuentro la tumba erosionada por el viento, apenas una losita de ladrillos sobre un montón de arena. Es un cementerio abandonado, no por la insidia de los vivos sino porque el pueblo desapa reció un par de años atrás, cuando un huracán como nunca visto se llevó casi todo y la poca gente que quedó buscaría otro lugar para vivir, lejos del mar.

Para llegar a Puntacandela camino cerca de dos horas siguiendo la playa, así me lo aconsejaron en Cuaji, porque la brecha que alguna vez tuvo el pueblo está perdida y hoy la única forma de llegar es por la costa. "Toda la playa —me dijeron— hasta que topes el cascarón de un barco, el *Barco de la Viuda*. Pero a qué vas, si allí no hay nada".

Cuando en Minizo me enteré de que ahí pudo haber quedado Celeste, quise buscarla. Alguien me platicó de que en Puntacandela, hacía años, apareció muerta una mujer muy parecida a la mujer por la cual yo preguntaba; que nadie la reclamó y allí la enterraron.

La larga caminata y la soledad del paraje me han devuelto la tristeza; estar atado a un lugar coma este quiebra a cualquiera, hasta los muertos; la noche aquí debe ser más noche y el sol es más sol. Es casi seguro que en unos años, así como el barco encallado que apenas se mira por encima del oleaje, el cementerio desaparecerá por completo; lo que queda de él, las pocas tumbas que todavía guardan los huesos de quienes fueron olvidados, porque algunas familias cargaron con los suyos, el sacrilegio de muchos sepulcros no se explicaría de otro modo.

No me es difícil dar con lo que busco, hallo unas palabras apenas rayadas en el ladrillo en memoria de la "Desconocida". Tomo una piedra aguda y trato de marcar su nombre, es lo menos que puedo hacer por ella. Rascaría con mis manos hasta sacar sus despojos si acaso pudiera llevarlos, pero qué sentido tiene, ninguna parte donde pueda sepultarla será su lugar, además de que, si hubiera forma de preguntarle, seguro respondería que no le importaba, que a orilla de mar estaba bien.

Del pueblo hay recuerdos mudos: aún quedan los cimientos de calicanto y algunos horcones apolillados en el suelo. Lo que fue una pequeña capilla es lo único que sigue en pie, aunque sin techumbre, se aprecian los nichos de los santos en el interior y una cruz de piedra en el frontis. De todo lo demás sólo el viento y el agua pueden dar razón.

En la mitología los perros están asociados con el más allá, como guías al lugar de bien infinito o como guardianes del infierno. Es lo primero que pienso cuando los tengo enfrente. Es una jauría de animales esmirriados pero feroces que no es difícil confundirlos con las hienas. Me cercan con sus ladridos y me amenazan erizando el lomo. Casi me ensordecen y el terror me embota; arranco unas lajas con mis manos, pero el amague los provoca más. Veo que quieren atacarme por mis flancos, al menos son una docena, todos de la misma estirpe; quizá desean cobrarme el olvido de sus dueños.

Maldigo no alcanzar ninguna vara de las que crecen al lado de las otras tumbas. Me encaramo a la lápida y los animales se atreven a arañar los ladrillos. Ya no sé qué pueda resultar mejor, si hacer aspavientos o quedarme quieto, si gritarles o pedirles calma.

Un mal movimiento de mi parte y la lápida resbala y yo con ella, en el tumulto dos o tres perros quedan aplastados, sus huesos crujen, sus ladridos son desgarradores, tanto que asustan al resto de los animales que pronto desaparecen llorando entre los matorrales y los viejos cimientos. Un perro se arrastra chillando con el espinazo partido, de otro apenas se ve la cola alargada por debajo de la losa. Su dolor me lastima pero nada puedo hacer por él.

Lamento dejar la tumba así, la lápida era lo único que retardaría unos años la erosión, será cosa de algunas lluvias para que sobre este mundo no quede más huella de Celeste. Pienso, para mi consuelo, si es necesario ser inolvidables.

El llanto de un perro entre el monte, cagando sangre, me sigue buena parte del trayecto, la otra me acompaña el rumor grave del mar, como dicen que brama cuando habrá tormenta. Apuro el paso, el cielo comienza a ennegrecer y recuerdo que no hay camino que me lleve a Cuaji.

PUNTACANDELA

I find the tomb eroded by the wind, just a brick slab on a pile of sand. It is an abandoned cemetery, not because of the insidiousness of the living, but because the town disappeared a couple of years ago, when a hurricane like never before took almost everything and the few people who remained looked for another place to live, far from the sea.

To get to Puntacandela I walk for nearly two hours following the beach, as they advised me in Cuaji, because the road that the town once had was lost and today the only way to get there is along the coast. "Follow the length of the beach," they told me, "until you come across the shell of a ship, *Barco de la Viuda*. But why are you going, if there's nothing there."

When I found out in Minizo that Celeste could have ended up there, I wanted to look for her. Someone told me that in Puntacandela, years ago, a woman very similar to the woman I was asking about was found dead; that no one claimed her and they buried her there.

The long walk and the solitude of the place have brought back my sadness; being tied to a place like this breaks anyone, even the dead; the night here is darker and the sun brighter. It is almost certain that in a few years, just like the stranded ship that can barely be seen above the waves, the cemetery will disappear completely; what remains of it, the few tombs that still keep the bones of those who were forgotten, because some families carried their dead away, the sacrilege of many tombs could not be explained otherwise.

It's not hard for me to find what I'm looking for, I found some words barely scratched on the brick in memory of the "Unknown." I turn a sharp stone and try to mark her name, it's the least I can do for her. I would dig with my bare hands until I could remove her remains if I could carry them, but what is the point, no place where I can bury her will be her place, besides, if there was a way to ask her, she would surely answer that she didn't care, that by the seashore was fine.

There are mute memories of the town: there are still masonry foundations and some moth-eaten pitchforks on the ground. What was a small chapel is the only thing still standing, although without a roof now, the niches of the saints can be seen inside and a stone cross on the front. Everything else, only the wind and the water can account for it.

In mythology, dogs are associated with the afterlife, as guides to the place of infinite good or as guardians of hell. It's the first thing I think of when I see them in front of me. It is a pack of scranny but ferocious animals that are not difficult to confuse with hyenas. They surround me with their barks and threaten me by bristling their backs. I am almost deafened and terror weakens me; I break off some slabs with my hands, but the feint provokes them more. I see that they want to attack me on my flanks, there are at least a dozen of them, all of the same stock; maybe they want to make me pay for their forgetful owners.

I curse not being able to reach any of the stalks that grow next to the other graves. I get on top of the tombstone and the animals dare to scratch at the bricks. At this point, I don't know what could be better, whether to make a fuss or stay still, whether to yell at them or ask them to calm down.

One wrong move on my part and the tombstone slips and I with it, in the commotion two or three dogs are crushed, their bones crack, their barks are heartbreaking, so much so that they frighten the rest of the animals. They soon disappear crying into the bushes and the old foundations. A dog crawls shrieking with its back broken, another's long tail can barely be seen below the slab. His pain hurts me but there is nothing I can do for him.

I'm sorry to leave the tomb like this, the tombstone was the only thing that would delay erosion for a few years, it will only take a few rains and there will be no more trace of Celeste in this world. I wonder, for my own consolation, if it is necessary to be unforgettable.

The cry of a dog in the mountains, shitting blood, follows me for a good part of the journey, the other part of it is the deep murmur of the sea accompanying me, as they say it roars when a storm is coming. I quicken my pace, the sky begins to darken and I remember that there is no road that will take me to Cuaji.

EL REENCUENTRO

Se reconocieron y el gusto se les dibujó en el rostro. Él le dio un abrazo y ella lo apretó contra su pecho.

—Ya te alcancé —le dijo la mujer.

—Que bueno —respondió el hombre—. ¿Cómo quedaron mis hijos?

—Amancebados los dos —fue la respuesta.

—¿Y la casa?

—Como la dejaste, unas tejas rotas y los árboles crecidos.

—Te esperaba desde ayer —le declaró él suavemente.

—Es que no podía acabar, pero ya estoy contigo.
—¿Tuviste miedo?
—Al principio.
—No pasa nada mujer, es lo mismo que allá —dijo él, serio como siempre.

Estuvieron un rato cual si no supieran qué hacer. Después, él señaló una senda de luz. Caminaron juntas, de verdad felices.

Siguieron hasta convertirse en un pequeño punto. Luego en nada. Tal vez, en infinito. En eternidad.

Dios colme a los amantes. El cielo los guarde para siempre.

THE REUNION

THEY RECOGNIZED EACH OTHER AND JOY RADIATED FROM their faces.

He gave her a hug and she pressed him against her chest.

"I caught up to you," the woman told him.

"I'm glad," replied the man, "How are my children?"

"Both of them are living with their partners," was the reply.

"And the House?"

"As you left it, some broken roof-tiles and overgrown trees."

"I've been waiting for you since yesterday," he told her softly.

"I wasn't ready, but I'm here with you now."

"Were you afraid?"

"At first."

"It's okay, darling, it's the same as over there," he said, serious as always.

They paused for a while as if they didn't know what to do. Then he pointed to a path of light. They walked together, truly happy.

They continued until they turned into a small dot. Then into nothing. Perhaps, into infinity. Into eternity.

May God fulfill the lovers. May Heaven keep watch over them forever.

Silvia Peña Arreola

Silvia Peña Arreola, nació en Ciudad Juárez, Chihuahua. Reside en la capital de Oaxaca desde los 18 años. Poeta y escritora autodidacta desde la adolescencia. Participó en talleres de escritura creativa y poesía en los últimos años, con la maestra y poeta Raquel Olvera, el escritor Kurt Hackbarth y el poeta Enrique Frías. Lectora voluntaria de la fundación Alfredo Harp Helú desde hace 5 años con un diplomado de la universidad La Salle enfocado en literatura para la primera infancia. Publicó varios cuentos en la antología oaxaqueña *Malicia Literaria* en el 2018 y actualmente trabaja en su poemario.

Silvia Peña Arreola, born in Ciudad Juárez, Chihuahua. She has lived in the capital of Oaxaca since she was 18 years old. She is a self-taught poet and writer since her adolescence. She has participated in creative writing and poetry workshops in recent years with the teacher and poet Raquel Olvera, the writer Kurt Hackbarth, and the poet

Enrique Frías. She is a volunteer reader of the Alfredo Harp Helú Foundation for 5 years with a diploma from La Salle University focused on literature for early childhood. She published several stories in the Oaxacan anthology *Malicia Literaria* in 2018 and is currently working on her collection of poems.

CONCIERTO BAJO EL LAUREL

El viento mueve tus hojas para darle paso a los rayos tempranos del sol, que alumbran el pequeño escenario, lo que no sale son las notas, esos do, re, mi, fa, soles ven truncado su paso porque luchan contra la marea de la ventisca, haciendo que esas melodías, bailen en el espacio que hay entre tus raíces y hojas. Ese mismo aire que que se cuela entre tu follaje entra en cada fosa nasal de los que con un apretón de diafragma lo convierten en música. Se vanaglorian por ser inalados y salir de la boca, atravesar el espacio de ese instrumento de viento, esperando convertirse en un grave o agudo. Al final los aplausos rompen las burbujas musicales y las hojas abren paso a una nueva ventisca.

CONCERT UNDER THE LAUREL TREE

THE WIND MOVES YOUR LEAVES TO MAKE WAY FOR THE EARLY rays of the sun, which illuminate the small stage, what does not come out are the notes, those Do, Re, Mi, Fa, Sols are cut short because they fight against the gale, making those melodies dance in the space between your roots and leaves. That same air that sneaks through your foliage enters each nostril of those who with a squeeze of the diaphragm turn it into music. They pride themselves on being inhaled in and out of the mouth, traversing the space of that wind instrument, hoping to become a bass or a treble. At the end the applause breaks the musical bubbles and the leaves make way for a new gale.

PERDÍ LAS FLORES

EN ESTA MALETA DE UN METRO POR TREINTA CENTÍMETROS entra todo: mi ropa, ese bikini de sirena que amé desde que la vi en la tienda, un par de sandalias, ilógico porque lo mío es sentir la arena en los pies, un suéter y un par de tenis para correr en las mañanas. Uno nunca sabe, qué más… el corazón de mis padres, muy grande pero cabe perfecto, el entusiasmo de mis amigos que quizá nunca se atreverán a hacer este viaje y el valor, con calza pero entró todo.

Cuánto cabe ahora en un ataúd de dos metros por setenta centímetros. Nada. El espacio es más grande y mi cuerpo más pequeño. Pero no entró nada.

El corazón de mis padres regresó instantáneamente a su pecho presintiendo lo inenarrable. Vuelve un cajón con otra historia de una chica que quería ser libre, viajar, conocer el mundo. Un mundo donde el macho es macho y el macho manda, en donde vale más una cartera que una vida.

Tomaron mi cuerpo pero no mi espíritu, él sigue descalzo sobre los granos de arena que me harán compañía hasta que entienda, por qué a mí.

I LOST THE FLOWERS

Everything fits in this one meter by thirty centimeter suitcase: my clothes, that mermaid bikini that I loved since I saw it in the store, a pair of sandals, which is ironic because my thing is to feel the sand on my feet, a sweater, and a pair of tennis shoes to run in the mornings. You never know, what else… the heart of my parents, very big, but it fits perfectly, the enthusiasm of my friends who may never dare to make this trip and the courage, barely, but everything fit in.

Now how much fits in a coffin of two meters by seventy centimeters. Nothing. The space is bigger and my body smaller. But nothing went in.

My parents' hearts instantly returned to their chests sensing the unspeakable. A box returns with another story of a girl who wanted to be free, travel, see the world. A world where men are manly and man rules, where a wallet is worth more than a life.

They took my body but not my spirit, it is still barefoot on the grains of sand that will keep me company until I understand, why me.

Gayne Rodríguez Guzmán

Gayne Rodríguez Guzmán, oriunda de la Ciudad de México, vivió en California. Desde el año 2006, reside en la Ciudad de Oaxaca. Ha participado en talleres literarios con los maestros Rafael Ramírez Heredia, Raquel Olvera y actualmente con Kurt Hackbarth, con quien colabora en el Colectivo Cuenteros. En el 2018 publicó una serie de cuentos en Malicia Literaria. En 2019, publicó una plaqueta de cuentos con Matanga Taller/Editorial, y participó en la presentación de la serie en la Feria Internacional del Libro de Oaxaca. En 2021 publicó La esclava de la seda; serie de cuentos escritos e ilustrados por ella.

Gayne Rodríguez Guzmán was born in México City, then lived in California. She has resided in the City of Oaxaca since 2006. She has participated in creative writing workshops with writers Rafael Ramirez Heredia, Raquel Olvera and Kurt Hackbarth with whom she collaborates in the group Colectivo Cuenteros. In 2018 she published her stories in the anthology *Malicia Literaria*. In 2019, she published a chapbook of stories with Matanga Editorial, presenting it at the Feria Internacional del Libro de Oaxaca. In 2021, she published *La esclava de la seda*; a series of twelve short stories illustrated by the author.

DE CARNE Y HUESO

Hacía varios meses que tenía la obsesión por verse más joven. Al levantarse, corría a buscar algún cambio. que la última adquisición hubiera tenido cierto efecto nocturno en las arrugas o en la flacidez en la piel. Probó todos los productos que anunciaban, no obstante, para su desencanto, ninguno conseguía el resultado deseado. Es más, no sólo le preocupaba la apariencia del rostro; ahora miraba los brazos, el vientre, las piernas, sin mencionar las partes que solamente haciendo contorsiones frente al espejo podía ver. La solución se encontraba a la mano, cambiar la apariencia no era cosa del otro mundo así que decidió visitar a un especialista. Esperanzada en que, a costa de dolor y dinero, la ciencia la reconstruyera, estaba decidida a someterse a cualquier tratamiento con tal de verse joven otra vez. El médico era conocido por su habilidad de remediar toda clase de padecimiento.

—¿Cuál es su problema? —al verla se preguntaba si este sería un caso especial, pues ninguna afección era evidente.

—Verá doctor, me han informado que usted puede regresarme la juventud y aunque sé que el tratamiento puede ser largo y costoso, estoy dispuesta a todo. —Resumió decidida.

—Efectivamente, el método del cual usted habla puede ser muy doloroso, pero le puedo garantizar que quedará completamente satisfecha —continuó el especialista— tendrá que venir a consulta dos veces por semana, más adelante una vez será suficiente. Dependerá de cómo reaccione.

Con cierto desánimo salió del privado, pues esperaba que la examinara detenidamente, que le hiciera una historia clínica antes de enviarla de regreso, pero su deseo le hizo olvidar los pequeños detalles. Pensó en lo bien que quedaría. El siguiente encuentro no fue menos desalentador, se encontró haciendo una lista interminable de las cosas que deseaba cambiar en su aspecto. Empezó con la cara incluyendo el mentón, las mejillas, las marcadas arrugas en la frente, ojos, las ojeras infladas, el cuello escurrido; más abajo, el busto, la cintura, las caderas que eran demasiado prominentes, y si se trataba de enumerar, pues las piernas y los brazos, así como algunas venas que también le molestaban. En fin, era un trabajo de grandes proporciones. Entregó la lista al médico, pagó la suma acordada y se fue a casa.

La semana siguiente entró a su cita esperando algún procedimiento o maniobra médica; sin embargo, tampoco esta vez hubo análisis, vendajes, ni siquiera pomadas o pastillas. El doctor la midió, pesó, comparó los números en una tabla incomprensible, le cobró la consulta y la despidió amablemente. Decidida a no volver salió furiosa. En la sala de espera notó a un hombre extremadamente delgado, se veía enfermo. Había hombres con prótesis en una o ambas piernas, mujeres que habían perdido el pelo casi por completo, jóvenes o ancianos cuyas manos parecían las ramas de un árbol viejo, torcidas, maltrechas, todos con notables sufrimientos.

A medida que las consultas eran más breves, la lista en la pared parecía disminuir. Tal vez no sea tan urgente que reduzca mi cadera, después de todo aun funciona y el mentón podría quedarse como está, pensaba.

En cada ocasión encontraba personas que sufrían. Durante la espera charlaba con ellas dándoles palabras de aliento o simplemente escuchándolas. Su figura comenzó a parecerle más agradable; las líneas de sus ojos se volvieron alegres, dejó de notar las arrugas del cuello y sus piernas parecían más fuertes. Las arrugas de la frente migraron a su boca enmarcando una hermosa sonrisa.

OF FLESH AND BONE

She had been obsessed now for several months with looking younger. When she got up, she ran to look for some change in the mirror. She expected the last purchase would have caused some change overnight in the wrinkles or sagging skin. She tried all the products that were advertised; however, to her disappointment, none achieved the desired result. Moreover, now she was not only concerned with the appearance of the face; now she was looking at her arms, belly, and legs, not to mention the parts that she could only see while doing contortions in front of the mirror. The solution was at hand; changing the appearance wasn't a big deal, so she decided to visit a specialist. Hoping that, at the cost of pain and money, science could reconstruct her, she was determined to undergo any treatment in order to look young again. The doctor was known for his ability to remedy all kinds of ailments.

"What is your concern?" When he saw her, he wondered if this would be a special case, since no condition was evident.

"You see doctor, I have been informed that you can restore my youth and although I know that the treatment can be long and expensive, I am ready for anything," she resolutely summarized.

"Indeed, the method of which you speak can be very painful, but I can guarantee that you will be satisfied completely," continued the specialist. "You will have to see us twice a week, further out once a week will be enough. It will depend on how you react."

With some discouragement she left the exam room; she was expecting him to examine her carefully, to take her medical history before sending her home, but her wishes made her forget the small details. She thought about how good she would look by the end. The next meeting was no less discouraging, and she found herself making an endless list of things she wanted to change about her appearance. She started with the face including her chin, cheeks, the marked wrinkles on her forehead, her eyes, the puffy circles under the eyes, her drooping neck; below, her bust, waist, the hips that were too prominent, and if it was a question of making a list, then her legs and arms, as well as some veins that also bothered her. All in all, it was a big job. She handed the doctor the list, paid the agreed fees, and went home.

The following week she walked into her appointment expecting some progress or a medical procedure; however, this time there were no tests, bandages, not even ointments or pills. The doctor measured her, weighed her, compared the numbers on an incomprehensible chart, and charged her before dismissing her politely. Determined not to see him again, she stormed out. In the waiting room she noticed an extremely thin man; he looked ill. There were men with prosthetics on either one or both legs, women who had almost completely lost their hair, young or old individuals whose hands looked like branches on a tree, crooked, battered, all with notable suffering.

As the consultations got shorter, the list on her chart seemed to get shorter. Maybe it's not so urgent that I reduce my hips. After all, they still work, and the chin could stay as it is, she thought.

At every appointment, she saw people who suffered. During the wait, she chatted with them, giving them words of encouragement or simply listening. As time went on, her own figure began to seem more pleasant to her; the wrinkles on her eyes became cheerful ones. She stopped noticing the wrinkles on her neck, and her legs felt stronger. The wrinkles on her forehead migrated to her mouth, framing a beautiful smile.

EL NIÑO DE SAN MARTÍN

Habían pasado diez años desde que Irineo llegó al mundo. Vino con el labio superior fruncido y un hueco que dejaba ver las encías rosadas. Al ver a su hijo, Catarina cerró los ojos y lloró por un rato, aunque fue la única vez que lo hizo. Las mujeres que la acompañaban no pudieron evitar hacer un gesto. El niño berreaba intentando atrapar el pezón del pecho. Para fortuna del recién nacido y de los senos hinchados, un trapo empapado en la leche de su madre hizo las veces de nodriza y acabaron con el llanto y la dificultad de alimentar al crío.

Cada vez que aparecían en el pueblo, la gente se alejaba, no sólo por su aspecto, sino por el enjambre de abejas zumbonas de rayas negras y amarillas que acompañaba al pequeño Irineo. Él se metía entre los olanes de la falda de su madre que simulaba jugar con él a las escondidas. Por la forma en que lo habían tratado, no era de extrañar que para Irineo las personas resultaran imposibles de entender. En cambio, la lengua de los animales era la suya. Fuera un armadillo o el tlacuache que visitaba cada noche el gallinero, conversaba con ellos mientras examinaba su pelaje, patas o el largo de la cola. El niño se entendió con los seres que parecían disfrutar de su compañía, ya que hablaban el mismo idioma. El resto lo hacía su imaginación.

—El árbol nos dice lo que quiere ser.

Catarina le mostraba la manera de encontrar lo que se esconde bajo la corteza de los troncos para enseñarle a labrar los alebrijes. Después preguntaba al copal: ¿Qué eres? ¿Un jaguar con armadura de grecas escalonadas y colmillos puntiagudos, o un murciélago de alas de terciopelo? Así comenzó a trabajar. Pasaba horas buscando las piezas para sus figuras. Tocaba los nudos, el grueso de los troncos, tomaba distancia para calcular mejor las dimensiones de la pieza. Aunque siempre supo que el aprendiz superaría al "maestro".

Sucedió que al tercer día, las abejas que llegaron con el niño se mudaron a la parte de atrás de la casa donde establecieron su colonia. Con el tiempo, Irineo hizo un surco hasta esa parte de la casa por su costumbre de ir y venir a ver a las abejas y ordeñar la miel de la colmena, su tributo.

Una mañana, el niño se adentró hasta el sendero al que resguardaban filas de árboles de copal a buscar ramas para sus alebrijes, pues era tiempo de mostrar su don. Ejemplares de troncos anchos, ramas intrincadas y raíces profundas se alineaban en un bosque espeso. Sobre su cabeza iba la nube de insectos. El calor del mediodía llegó acompañado de una leve brisa que apenas alcanzó a mover la yerba más allá de la colina.

Cuando el sol bajó, Irineo descubrió entre los matorrales secos a una liebre de orejas rosadas agazapada entre los arbustos. Ignoraba la cercanía de una culebra que movía su cascabel advirtiendo su presencia. Él quedó hipnotizado por los diseños en la sedosa piel del reptil. Se acercó despacio hasta quedar a unos centímetros de los colmillos. Las escamas reflejaban la luz con destellos dorados, verdes y plateados que cambiaban a cada leve respiración. El animal mantenía su vista en los dedos desnudos del niño. De pronto, la liebre decidió cambiar su posición y de un salto se alejó. El reptil clavó sus colmillos en el tobillo del niño que adolorido se llevó las manos a la parte del pie donde dos pequeñas gotas de sangre aparecieron. El ardor subía por la pierna, quemándolo. Intentó exprimir el veneno por los huecos que dejaron los colmillos, pero sólo salió un líquido amarillento. Buscó con la vista a la causante de la mordedura que ya se arrastraba lentamente alejándose entre los arbustos sin ninguna intención de escapar. Irineo vio cómo la serpiente sacaba su lengua partida palpando las matas alrededor. Luego, adormilado y cansado, se recostó en la yerba y cerró los ojos.

Cuando despertó, los pies eran ligeros como inexistentes; la piel helada, fragmentada en rombos geométricos, perfectos; los músculos fuertes como fuelle de acordeón. Pero lo más extraordinario fue la sensación de que lo que antes era una vibración sin importancia en el suelo ahora era un llamado que afloraba en toda su piel para poder sentir el agitarse de cada planta, cada arbusto. Incluso el viento le permitía sentir el movimiento más insignificante a su alrededor. Se detuvo un momento para disfrutar del olor intenso de las flores, del aire húmedo. Un ratón temeroso se metió a un agujero al verlo.

El enjambre de abejas había crecido y cubría el horizonte. Era una tempestad que formaba imágenes en el cielo: toros de astas puntiagudas cambiaban en segundos a conejos de ojos saltones, nutrias de piel sedosa y coyotes aulladores que cubrieron el cielo con formas de colores vivos matizados por los últimos rayos del sol que descendía con rojos y morados, verdes y azules, naranjas y magenta. La danza sincronizada de millones de insectos que se movían sin chocar entre ellos zumbaba una canción con el roce de sus alas.

Al escuchar el canto de los insectos, Catarina apuró los restos de miel que había en un pocillo. Se soltó el pelo dejándolo caer por la espalda, salió de la casa y se tendió sobre el camino para mirar el espectáculo.

Irineo, que volvía del bosque, miró a su madre que bailaba al ritmo de las abejas. Quería hablar pero de su boca salió un siseo incomprensible. En ese preciso momento ella levantó un breve vuelo y se fue a posar sobre una flor amarilla.

THE BOY FROM SAN MARTÍN

Ten years had passed since Irineo came into the world. He arrived with a wrinkled upper lip and a gap that revealed pink gums. Seeing her son, Catarina closed her eyes and cried for a while, although that was the only time she did. The women accompanying her couldn't help but make a face. The boy was bawling trying to catch the nipple on the breast. Fortunately for the newborn and the swollen breasts, a cloth soaked in his mother's milk acted as a wet nurse and ended the crying and the difficulty of feeding the child.

Every time they went into the town, people turned away, not only because of his appearance, but because of the swarm of black-and-yellow-striped buzzing bees that accompanied little Irineo. He got into the ruffles of his mother's skirt who pretended to play hide and seek with him. From the way he had been treated, it was not surprising that Irineo found people impossible to understand. Instead, the language of the animals was his own. Whether it was an armadillo or the opossum that visited the chicken coop every night, he would chat with them while examining their fur, legs, or the length of their tail. The boy got along with the beings who seemed to enjoy his company, since they spoke the same language. The rest was done by his imagination.

"The tree tells us what it wants to be."

Catarina showed him the way to find what is hidden under the bark of the trunks to teach him how to carve the *alebrijes*. Then she would ask the copal tree: "What are you? A jaguar with armor of stepped fretwork and pointed fangs, or a bat with velvet wings?" That's how she started working. She would spend hours looking for the parts for her figures. She touched the knots, the thickness of the trunks, she took a step back to better calculate the dimensions of the piece. Although she always knew that the apprentice would surpass the "master".

On the third day, the bees that arrived with the child moved to the back of the house where they established their colony.

Over time, Irineo created a path to that part of the house from his habit of coming and going to see the bees and harvest the honey from the hive, his tribute.

    One morning, the boy went to the path protected by rows of copal trees to look for branches for his *alebrijes*, because it was time to demonstrate his talent. Specimens with wide trunks, intricate branches and deep roots lined up in a thick forest. Above his head was the cloud of insects. The midday heat came accompanied by a light breeze that barely moved the grass beyond the hill.

    When the sun went down, Irineo discovered among the dry bushes a pink-eared hare crouched among the bushes. He was unaware of the proximity of a snake that moved its rattle warning of its presence. He was mesmerized by the patterns on the reptile's silky skin. He drew closer until he was inches from the fangs. The scales reflected the light with flashes of gold, green, and silver that changed with each slight breath. The animal kept its gaze on the child's bare fingers. Suddenly, the hare decided to change its position and jumped away. The reptile sank its fangs into the ankle of the boy who, in pain, put his hands to the part of the foot where two small drops of blood appeared. The burning sensation rose up his leg. He tried to squeeze the poison out of the punctures left by the fangs, but only a yellowish liquid came out. He looked around for the biter who was already slowly creeping away through the bushes with no intention of escaping. Irineo saw how the snake stuck out its split tongue feeling the surrounding bushes. Then, sleepy and tired, he lay back on the grass and closed his eyes.

    When he woke up, his feet felt very light, almost nonexistent; frozen skin, fragmented into perfect geometric rhombuses; muscles strong as accordion bellows. But the most extraordinary thing was the sensation that what before was an insignificant vibration in the ground was now a call that surfaced all over his skin so that he could feel the stirring of each plant, each bush. The wind also allowed him to sense the slightest movement around him. He stopped for a moment to enjoy the intense smell of the flowers, the humid air. A fearful mouse jumped into a hole upon seeing him.

The swarm of bees had grown and covered the horizon. It was a storm that formed images in the sky: pointy-horned bulls changing in seconds to rabbits with bulging eyes, silky-skinned otters, and howling coyotes that covered the sky with shapes of vivid colors tinged by the last rays of the sinking sun with reds and purples, greens and blues, oranges and magentas. The synchronized dance of millions of insects that moved without colliding with each other hummed a song with the brush of their wings.

Listening to the song of the insects, Catarina drained the remains of honey that were in a well. She loosened her hair, letting it fall down her back, left the house, and stretched out on the path to watch the show.

Irineo, who was returning from the forest, looked at his mother who was dancing to the rhythm of the bees. He wanted to speak but an incomprehensible hiss came out of his mouth. In that precise moment she flew momentarily and perched on a yellow flower.

TESTIGOS

S<small>E VEN EN LA HABITACIÓN OSCURA ILUMINADA POR UN RAYO</small> solitario que penetra por un agujero en el techo. Son duendes bailando en un mundo diminuto, polvo que flota en el aire. Las motas navegan en un soplo viejo, pesado. Los muebles llevan años acumulando cadáveres de duendecillos que forman una capa blanquecina. Un cementerio de espíritus minúsculos, únicos testigos del paso de los años en esta alcoba. Si alguno de ellos se acercara al pestillo de la puerta, vería mi pupila agrandada por la falta de luz. Una ráfaga de viento los hizo entrar en un torbellino cuando empujé la puerta. Todos volaron de inmediato. Se escondieron entre los rincones para dar paso a la luz de la llama de un cerillo. Busqué cómplices de mi disturbio. Sólo encontré la voz del silencio que guardaban los muros cuando les pregunté por tu recuerdo. Nadie me dijo que ya no estaba. Se lo había llevado el tiempo.

WITNESSES

They are seen in the dark room illuminated by a single ray of light that penetrates through a hole in the ceiling. They are goblins dancing in a tiny world, dust floating in the air. Specks sail on an old, heavy breath. The furniture has been accumulating the corpses of little goblins for years, forming a whitish layer. A cemetery of tiny spirits, the only witnesses of the passing of the years in this bedroom. If any of them approached the door latch, they would see my pupil, enlarged from the lack of light. A gust sent them into a whirlwind as I pushed open the door. They all flew away immediately. They ducked into corners to make way for the light of a match. I looked for accomplices to my disturbance. I only found the voice of silence kept by the walls when I asked them about your memory. No one told me it was gone. Time had taken it away.

Lamberto Roque Hernández

Lamberto Roque Hernández, nació en San Martín Tilcajete, Oaxaca, México. Es emigrante en California y maestro bilingüe en inglés y español. Es egresado de Mills College donde obtuvo su especialización en educación bilingüe y de la Universidad Estatal de California en Hayward CSUEB de donde se graduó en la licenciatura en estudios latinoamericanos. Es autor de dos obras literarias, *Cartas a Crispina* (español) y *Here I Am* (inglés). Actualmente vive en San Lorenzo California.

Lamberto Roque Hernández was born in San Martín Tilcajete, Oaxaca, México. He is an immigrant to California and a bilingual English and Spanish teacher. He is a graduate of Mills College in bilingual education, and California State University Hayward (CSUEB), where he received a bachelor's degree in Latin American studies. He is the author of two literary works, *Cartas a Crispina* (in Spanish) and *Here I Am* (in English). He currently lives in San Lorenzo, California.

CAMPANADAS (DIOS NUNCA MUERE...)

*E*ran como a las doce de un soñoliento medio día de principios del mes de agosto. El pueblo estaba sumido en el sopor del verano lluvioso. Del suelo húmedo subían hilos de vapor. El calor de la tierra se metía por debajo de lo que fuera, atravesaba los umbrales y sofocaba la vida de los lugareños. Temporadas repetitivas como repicar de campanas llamando a misa de domingos.

En las calles, en los charcos de agua, reminiscencias de las lluvias anteriores, nadaban ya los *tembolocates*. Apurados, querían ser ranas antes de que el sol evaporara el agua y fueran almas que levitaran, camino a formar nubes de lluvia. Vida efímera dependiendo del sol. A esa hora ni un alma andaba en las calles del pueblo.

Los escasos hombres que quedaban se encontraban en el campo trabajando en sus milpas. Eran días de labranza. Días de desherbada, días de echar orejera. Eran días cuando aún se le apostaba a la tierra, a las yuntas, a los carretones cargados de abono. Otros, debajo de las sombras de sus corredores, jacarandas o buganvilias, aporreaban desganadamente una rama de copal para darle formas surrealistas. A lo lejos, se asomaba la modernidad devastadora.

Eran tiempos nuevos. Días en los que los adolescentes al terminar la secundaria buscaban la manera de marcharse lejos en busca de lo que fuera. El norte era su esperanza. Mientras ese día llegara, al refrescar la tarde, salían a la calle con teléfono en mano enviando textos mal escritos a sus amigos que se encontraban a escasos metros de ellos. Se retrataban. Hacían cosas de muchachos.

Aunque la violencia que arreciaba en otras partes del país, no había llegado al pueblo, ya habían matado al primero a sangre fría. Eso había creado incertidumbre. Como en todo el país, este lugar tampoco se escapaba de los bombardeos televisivos que atemorizaban de tanto presentar imágenes de secuestrados, ejecutados y fotos de desaparecidos a lo largo de la nación. *Las curanderas batallaban con la modernidad.*

De repente, las campanas de la iglesia rompieron la quietud del pueblo. Eran repiqueteadas de emergencia, de esos que la gente ha reconocido desde tiempos ancestrales, los que dicen que todos tienen que reunirse en el atrio porque algo feo está pasando.

Las mujeres dejaron sus quehaceres. Se alisaron sus vestidos. Se cubrieron la cabeza con sus rebozos. Los muchachos con desgano e indiferencia se dirigieron hacia el atrio. Las señoras de edad, con sus delantales enrollados alrededor de la cabeza—pues no querían agarrar un mal aire—esperaron en la entrada de la iglesia a tía Ernestina.

Algo estaba ocurriendo en alguna parte. Tal vez se estaba quemando alguno de los cerros, pero no se distinguía ninguna humareda a lo lejos. A lo mejor los de la comunidad vecina habían asesinado a algún campesino del pueblo. Tal vez algún migrante había perecido en el otro lado o al tratar de cruzarse por el desierto.

Una multitud se reunió. Para entonces ya la campana estaba muda. No había nadie en la iglesia. Alguien fue a la sacristía a buscar al sacerdote. Sin suerte. "Ese padrecito cabrón casi nunca está" dijo tío Aurelio. "Anda seguramente en otro pueblo, cobrando misas," se escuchó a alguien más decir. Tampoco estaba el campanero. Hasta las chicharras habían enmudecido.

La tía Ernesta abrió la puerta de la Iglesia y se metió. Al contrario de afuera, adentro estaba fresco. Enorme. Olía a copal sagrado. Las mujeres que traían sus delantales enrollados en la cabeza, la siguieron. Se fue frente del altar del Señor de los Milagros. El Santo al que todos los migrantes se encomiendan. A él le piden que los proteja cuando se marchan. Le dejan colgados milagritos. Le adhieren con espinas de chepixtle billetes nacionales o dólares. Le prenden grandes veladoras y velas aromáticas que casi siempre están encendidas. La tía Ernesta se persignó y se puso de rodillas.

Después de un buen rato, rompió el silencio. Se puso de pie y señaló al montón de veladoras. Humeaban. Se habían apagado al parecer unos momentos antes de que ellas entraran. Era raro que ni siquiera una o las más nuevas estuvieran ardiendo. Señaló con un movimiento de ojos a la masa de cera inerte la cual formaba figuras caprichosas, caras arrugadas, cuerpos que parecían contorsionados. Seres extraños.

De sus labios salieron estas palabras: "vamos a tener que encerrarnos en nuestras casas por mucho tiempo. Las ceras avisan que muchos nos vamos a morir de un de repente. No nos dicen de qué, pero dicen que es una enfermedad muy cabrona. Vámonos para las casas a prepararnos."

Las campanas doblaron para difuntos desde lo alto de la iglesia.

CHIMING BELLS (GOD NEVER DIES...)

*I*T WAS ABOUT TWELVE O'CLOCK ON A SLEEPY MID-DAY AT THE beginning of August. The town was in the sluggishness of the rainy summer. Threads of steam rose from the damp ground. The heat of the earth seeped under whatever it could, passed through doorways and suffocated the life of the villagers, the usual repetitions such as the ringing of bells calling for Sunday mass.

In the streets, in the puddles of water, reminiscences of the previous rains, the tadpoles were already swimming. In a hurry, they wanted to be frogs before the sun evaporated the water, and they became levitating souls, on their way to form rain clouds. Ephemeral life depending on the sun. At that hour not a soul walked in the streets of the town.

The few men left were in the fields working in their *milpas* [cornfields]. They were farm work days. Days of weeding, days of plowing. Those were days when they still bet on the land, on the pair of oxen, on the carts loaded with fertilizer. Others, under the shade of their grove, jacarandas or bougainvilleas, half-heartedly pummeled a copal branch to give it surreal shapes. In the distance, devastating modernity loomed.

These were new times. Days in which teenagers after finishing high school were looking for a way to go far away in search of anything. Going to "The North" was their hope. Until that day arrived, in the cool of the afternoon, they would go out into the street with their phones in hand, sending poorly written texts to their friends who were only a few meters away from them. They took photos of one another. They did young adult things.

Although the violence that was raging in other parts of the country had not yet reached the town, recently, in a drunken brawl, a local had been killed in cold blood. That had created uncertainty. As in the whole country, this place did not escape the televised bombardments that frightened them with all the images of the kidnapped, executed, and the photos of those missing throughout the nation. *Curanderas* [healers] struggled with modernity.

Suddenly, the church bells broke the stillness of the town. They were emergency bell ringings, the kind that people have recognized since ancestral times, the ones that say that everyone has to gather in the atrium because something bad is happening.

The women left their chores. They smoothed out their dresses. They covered their heads with their *rebozos* [shawls]. The boys with reluctance and indifference headed towards the atrium. The older ladies, with their aprons wrapped around their heads—they didn't want to catch a *mal aire*—waited at the entrance to the church for Aunt Ernestina.

Something was happening somewhere. Perhaps one of the hills was burning, but no smoke could be seen in the distance. Perhaps those from the neighboring community had murdered a peasant from the town. Perhaps some migrant had perished on the other side or while trying to cross the desert.

A crowd gathered. By then the bell was silent. There was no one in the church. Someone went to the sacristy to look for the priest. Without any luck. "That bastard father is hardly ever here," said Uncle Aurelio. "He's probably in another town charging for mass." Someone else was heard saying. The bell ringer wasn't there either. Even the cicadas had fallen silent.

Aunt Ernesta opened the church door and got in. Unlike outside, it was cool inside. Enormous. It smelled of sacred copal incense. The women with their aprons wrapped around their heads followed her. She went to the front of the altar of the Lord of Miracles, the saint to whom all migrants entrust themselves. They ask him to protect them when they leave. They leave him dangling *milagritos* [small devotional charms]. They attach national bills or dollar bills to him with *chepixtle* spines. They light big candles and aromatic candles for him that are almost always lit. Aunt Ernesta crossed herself and got down on her knees.

After a long time, she broke the silence. She stood up and pointed to the pile of candles. Smoke was rising. They had apparently gone out a few moments before the women entered. It was rare that not even one or the newest ones were burning. She pointed with a movement of her eyes to the mass of inert wax which formed whimsical figures, wrinkled faces, bodies that seemed contorted. Strange beings.

From her lips came these words: "we are going to have to lock ourselves up in our houses for a long time. The waxes warn that many of us are going to die suddenly. They don't tell us why, but they say it's a godawful disease. Let's go home to get ready."

The bells tolled for the dead from the top of the church.

NO TE PREOCUPÉS...

Carlos salió del barcito de mala muerte ubicado en el barrio latino de Oakland, abrió la mano izquierda, desarrugó el papel que llevaba en ella. Lo leyó. Sonrió y siguió su ruta.

Eran las ocho y pico de la noche y con un par de cervezas ingeridas, se dirigía a su departamento donde vivía con otros tres paisanos de la ciudad de México. Estaba cansado, pues ya tenía un mes trabajando casi sin parar desde que un gringo lo había levantado en la esquina de La Internacional y la treinta y ocho. Lo contrató para reparar techos de casas que serían puestas en venta. Por la inflación que azotaba el país, muchas familias ya no podían hacer los pagos mensuales de sus viviendas, y los bancos se las reclamaban para venderlas al mejor postor.

Esa tarde de viernes, cansado y sediento, Carlos se había metido al Gato Negro. Una muchacha morena, de cabello crespo, de muy buen caminar y muy amable, lo recibió en la puerta. Lo encaminó hasta una mesa vacía, y lo animó a sentarse. Él le invitó la cerveza de rigor. "Me llamo Berenice", dijo ella. "Yo soy Carlos" contestó, y se estrecharon las manos. A gritos platicaron de lo que fuera mientras el lugar era inundado por una *rola* de Los Rieleros del Norte.

La joven fue a la barra por dos más.

Antes de terminar la segunda cerveza, Berenice se dirigió a la puerta y fue a recibir a otro cliente. Carlos la miró desde su asiento, y de pronto se sintió raro. Le molestaba como ella encaminaba al recién llegado hasta otra mesa.

Después, Berenice fue a la barra, tomó un bolígrafo, un papel y escribió algo, mientras esperaba el trago que había pedido para el otro cliente.

Desde lejos, Carlos sintió un estremecimiento en el corazón, algo parecido a los celos. Experimentó una sensación como si cayera a un vacío. Impotencia. Miedo a algo. Suspiró profundamente. Berenice volvió y lo miró a los ojos. ¿Qué te pasa Carlitos? Le preguntó muy cariñosamente. En corto, y con la voz temblorosa, acercándosele al oído, el muchacho le dijo, "Son tus ojos. Me he embelesado de tu mirada, tus manos calientitas, me gustaría verte otra vez...pero...". No finalizó la frase.

Antes de entrar al departamento, Carlos sacó del bolsillo la nota que Berenice la había puesto en la mano cuando lo despidió a la salida del Gato Negro.

Otra vez, leyó en silencio, "*Mi verdadero nombre es Rosalba, cuando vuelvas a visitarme te digo mis apellidos. Me gustaste mucho. Soy de Honduras. Y, ¿sabes qué? ...no te preocupés, NO SOY PUTA.*"

DON'T WORRY...

Carlos left the seedy little bar located in the Latino neighborhood of Oakland, opened his left hand, uncrumpled the paper he was carrying. He read it. He smiled and continued on his way.

It was eight-something at night, having drunk a couple of beers, he headed to his apartment where he lived with three other guys from Mexico City. He was tired, since he had been working almost non-stop for a month after a gringo had picked him up on the corner of La Internacional and 38th St. He hired him to repair roofs on houses that were to be put up for sale. Due to the inflation that plagued the country, many families could no longer make the monthly payments on their homes, and the banks claimed them to sell them to the highest bidder.

That Friday afternoon, tired and thirsty, Carlos had gotten into the *Gato Negro*. A dark-haired girl with curly hair, a confident gait and very friendly, met him at the door. She directed him to an empty table, and encouraged him to sit down. As a form of courtesy, he offered her a beer. "My name is Berenice," she said. "I am Carlos," he replied, and they shook hands. They talked loudly about whatever it was while the place was flooded by a song by Los Rieleros del Norte.

The young woman went to the bar for two more drinks.

Before finishing her second beer, Berenice headed out the door and greeted another customer. Carlos looked at her from his seat, and suddenly felt strange. It annoyed him how she directed the newcomer to another table. Later, Berenice went to the bar, took a pen, a piece of paper and wrote something, while waiting for the drink she had ordered for the other customer.

From a distance, Carlos felt a shudder in his heart, something akin to jealousy. He experienced a sensation as if he was falling into a void. Impotence. Fear of something. He sighed deeply. Berenice came back and looked him in the eye. "What's wrong, Carlitos?" she asked very affectionately. Shortly, and with a trembling voice, coming close to her ear, the young man told her, "It's your eyes. I have been captivated by your look, your warm hands, I would like to see you again... but...". He didn't finish the sentence.

Before entering the apartment, Carlos took out of his pocket the note that Berenice had put in his hand when she said goodbye to him as he left the *Gato Negro*.

Again, he read silently, "My real name is Rosalba, when you visit me again I'll tell you my last name. I liked you very much. I'm from Honduras. And you know what? ... don't worry, I'M NOT A WHORE."

Jessica Santiago Guzmán

Jessica Santiago Guzmán, Oaxaca de Juárez, 1991. Estudió la licenciatura en Humanidades con especialidad en Literatura en la Universidad Autónoma Benito Juárez de Oaxaca. Participó en el curso para jóvenes escritores de la Fundación para las Letras Mexicanas en tres ocasiones, organizó la feria de libro independiente, Librafest, en coordinación con diversos colectivos autónomos de la ciudad de Oaxaca. Poemas y cuentos suyos aparecen en antologías y páginas web. En 2021 organizó la colectiva La Sociedad de las Poetas, una agrupación de escritoras que se reúne para hablar de literatura y ejercitar el trabajo poético. Ha sido bibliotecaria, maestra de Literatura y tallerista, actualmente es editora y correctora de estilo.

Jessica Santiago Guzmán, Oaxaca de Juárez, 1991. She studied for a degree in Humanities with a specialty in Literature at the Benito Juárez Autonomous University of Oaxaca. She participated in the course for young writers of the Foundation for Mexican Literature on three occasions, organized the independent book fair, *Librafest*, in coordination with various autonomous groups in the city of Oaxaca. Her poems and stories appear in anthologies and web pages. In 2021, she organized the collective called *La Sociedad de las Poetas*, a group of female writers, who meet to talk about literature and practice poetic work. She has been a librarian, a literature teacher and a workshop facilitator; she is currently an editor and proofreader.

DE CARRETAS Y MUCHACHAS

Cuando niño, a Carlos le parecía que la luna era descomunal. Quizá influía un poco que, cuando pensaba esto tenía nueve años; y otro poco que efectivamente, por ese entonces la luna era más grande. Se aparecía como un puño cerrado, una enorme mano que se distancia de su cara y se acerca de pronto. A Carlos le gustaba sentarse junto a la gran puerta vieja que tenía su vecino, el Águila, cruzando la calle. Desde la piedra contemplaba los colores que resultaban de la arboleda que, desde la esquina bajaba al río y se unía con el cielo. Durante poco más de dos horas, y hasta que la luna se encontraba frente a sus ojos de nuevo, permanecía Carlos ahi sentado.

Hacia el sur se encontraba el río que todas las mañanas debían cruzar Carlos y su padre, cuando se dirigían al terreno en el que sembraban; el pequeño se montaba una mula mientras su padre la guiaba caminando, con el agua cubriéndole las piernas. Por la tarde, Carlos sentía cómo la herencia de esa tierra se hacía patente poco a poco, y con esa certeza regresaban a la casa. Tenían que sortear las mismas aguas, el mismo camino del campo a la piedra en la puerta del Águila. Más tarde, a la hora de la merienda, su madre se esforzaba—en uno de esos esfuerzos que las madres hacen constantemente—, para no gritarle a aquella presencia muda de su hijo y llamarlo de alguna forma adentro de la casa.

 A Carlos le gustaba esperar la hora en que las carretas regresaban del trabajo, poco después de que él volviera del suyo: enormes cajas de madera guiadas por caballos, bueyes y mulas, negros hombres que pasaban con el sombrero en la mano, chiflando canciones, mascando ramitas. Y se sumaba a aquel desfile, el de las muchachas de la escuela normal, tan grandes, sonrientes y bonitas. Pero lo que se llevaba toda su atención, como he mencionado, era la enorme luna. Carlos pasaba mucho tiempo así, tan embobado en las apariciones lunares, que parecía no prestar atención a nada, ni cuando la hija menor del Águila le sonreía, más allá del "¡Buenas tardes, Carlitos!". La niña se desvivía por salir, so pretexto de cualquier cosa, a la tienda, o a jugar con otras niñas, o a la iglesia, o a ver si no había salido alguna gallina. Pero Carlos era solamente río y mulas por la mañana; río, piedra y luna por las tardes. Y así pasaron muchos años.

 Para el momento en que descubrió la terminación "Selenografía", por Carlos ya pasaban los veinte años; su padre ahora se dedicaba al comercio fuera del pueblo y su madre había tenido otros cuatro hijos y, para acompañar al padre en el viaje, los había dejado con la abuela. Hoy ha cambiado la calle: la vastedad y verdor que caracterizaba a la hilera de árboles camino al río es ahora una delgada línea de carrizales flacos, viejos y demasiada tierra en vez de río. Igualmente, el camino del campo se transformó: ya no es Carlos quien cruza diariamente, de mañana y tarde por aquellas aguas; tampoco se ven mulas o carretas, mucho menos a las coquetas muchachas de la normal.

Carlos se convirtió en un hombre tan pronto la luna comenzó a ser pequeña; conforme el tiempo pasó esas luces ya no le quedaron. Aunque a pesar del río seco y de los otros colores que ahora existían en las tardes y de todo el tiempo, él mismo me dijo un día, hace no mucho tiempo: "¿Cómo lograr estar ahí parado, en la banqueta de enfrente, si el Águila hacía mucho tiempo que se había llevado la piedra? Y, además, con la piedra tambien se llevó a su hija".

OF CARTS AND GIRLS

As a child, Carlos thought the moon was enormous. Perhaps it influenced a little that, when he thought this, he was only nine years old; and in fact that indeed, that's why the moon was bigger. It appeared as a clenched fist, a huge hand that distances itself from his face and then suddenly approaches. Carlos liked to sit by the big old door that his neighbor, the Eagle, had across the street. From the stone he contemplated the colors that resulted from the grove that, from the corner, descended to the river and joined the sky. For a little over two hours, and until the moon was in front of his eyes again, Carlos sat there.

To the south was the river that Carlos and his father had to cross every morning, when they went to the land where they sowed; the little one rode a mule while his father guided him walking, with the water covering his legs. In the afternoon, Carlos felt how the inheritance of that land was becoming evident little by little, and with that certainty they returned to the house. They had to navigate the same waters, the same path from the field to the stone at the Eagle's door. Later, at snack time, his mother made an effort—in one of those efforts that mothers make constantly—not to shout at that mute presence of her son and call him inside the house in some way.

Carlos liked to wait for the time of day when the carts returned from work, shortly after he returned from his: huge wooden boxes guided by horses, oxen and mules, dark skinned men passing by with hats in hand, whistling songs, chewing twigs. And he would join the parade, the one of the girls from the normal school, so tall, smiling and pretty. But what took all his attention, as I mentioned, was the huge moon. Carlos spent a lot of time like that, so engrossed in the lunar apparitions, that he seemed not to pay attention to anything, not even when the youngest daughter of the Eagle smiled at him, beyond the "Good afternoon, Carlitos!". The girl went out of her way to go outside, under any excuse, to the store, or to play with other girls, or to church, or to see if a chicken hadn't gotten loose. But Carlos was just river and mules in the morning; river, stone and moon in the afternoons. Many years passed by that way.

By the time he discovered the term "Selenography", Carlos was already twenty years old; his father was now engaged in a trade outside the town and his mother had had four other children and, in order to accompany the father on his trip, she had left them with their grandmother. Today the street has changed: the vastness and greenery that characterized the line of trees on the way to the river is now a thin line of old reed beds and too much land instead of a river. Likewise, the country road was transformed: it is no longer Carlos who crosses those waters daily, morning and afternoon; mules or carts are not seen either, much less the coquettish girls of the normal school.

    Carlos became a man as soon as the moon began to get smaller; as time passed those lights no longer remained. Although, despite the dry river and the other colors that now existed in the afternoons and all the time now, he himself told me one day, not long ago: "How can I stand there, on the sidewalk in front, if the Eagle took away the stone a long time ago? And, besides, with the stone he also took his daughter."

FOTOGRAFÍA 1

No comprendía por qué mi madre guardaba prendas y juguetes, míos y de mis hermanos, de cuando fuimos bebés, hasta que tuve a mi hijo. La consistencia física de estos retazos de pasado —un chalequito, un zapato, ese mono de goma que ya ha perdido todo su color— serán el "archivo adjunto" que enriquecerá la memoria de estos *años maravillosos*. Ojalá la ropa mantuviera el olor a bebé. No sé realmente qué me causa imaginar que alguna vez yo misma desprendí ese aroma; quizás algo de tristeza por no ser capaz de volver a ese momento, o decepción por no saber cómo inventarlo.

    Una vez, acomodando el mueble de la ropa de mi hijo, me di cuenta de que ya había empezado este ritual: en el fondo de un cajón apareció el primer gorrito que le puse. Olía a pasado, no a mi hijo.

¿Qué percibirá mi madre cuando encuentra nuestros *restos*? ¿Cuatro pasados diferentes, o los cuatro que son uno solo? ¿Qué me encontraré después en estos cajones?

PHOTOGRAPH 1

I DID NOT UNDERSTAND WHY MY MOTHER KEPT CLOTHES AND TOYS, mine and my brothers', from when we were babies, until I had my son. The physical consistency of these remnants of the past—a vest, a shoe, that rubber monkey that has already lost all its color—will be the "attachment" that will enrich the memory of those *wonderful years*. I wish the clothes kept the baby smell. I don't really know what it makes me feel that I once gave off that aroma myself; perhaps some sadness at not being able to return to that moment, or disappointment at not knowing how to recreate it.

Once, while arranging my son's clothes drawer, I realized that I had already started this ritual: at the bottom of a drawer appeared the first hat I put on him. It smelled like the past, not like my son.

How will my mother feel when she finds what *remains* of us? Four different pasts, or the four that form one? What will I find next in these drawers?

FOTOGRAFÍA 2

Recuerdo cuando esta familia cabía en la palma de mi mano: dos hermanos, dos papás y yo. El hijo menor era el consentido de mi mamá, el mayor, el mío. *Desde que tengo edad* he sentido una fascinación por insistirle a mi hermano, Pancho, que esté conmigo en esta realidad; lo que se traduce en que no sé a ciencia cierta a qué edad me percaté de todas las limitaciones y diferencias que nos unían.

Él nació con retraso mental y motriz, pero como durante cuatro años fuimos los únicos habitantes del hogar, no sabía que podíamos ser de otra manera. Luego llegó el bebé, un ser más bien chillón y molesto que no se desprendía de mi mamá; mientras Pancho y yo habíamos conquistado el ala este y norte de la casa, el pequeño se la pasaba en el rincón más tibio del lado sur. Sin embargo, esta familia cabía en la palma de mi mano.

Luego llegó otra hermana, después mi marido, la mujer de mi hermano —el chillón—, mi hijo, la abuela, cuatro perros... Desaparecieron los puntos cardinales y ahora nombramos a la casa según quién esté haciendo uso: la sala *de* papá, la cocina *de* la abuela, el patio *del* hijo, la terraza es mía.

¿El Pancho? Por todas partes.

PHOTOGRAPH 2

*I*REMEMBER WHEN THIS FAMILY FIT IN THE PALM OF MY HAND: two brothers, two parents and me. The younger son was my mother's favorite, the older, mine. *Since maturing*, I have felt a fascination for insisting that my brother, Pancho, be with me in this reality, which means that I don't know for sure at what age I realized all the limitations and differences that united us.

He was born with mental and motor delays, but since we were the only inhabitants of the home for four years, I did not know that we could be otherwise. Then the baby arrived, a rather shrill and annoying being who did not let go of my mother. While Pancho and I had conquered the east and north wing of the house, the little one spent his time in the warmest corner of the south side. However, this family still fit in the palm of my hand.

Then another sister arrived, then my husband, my crybaby brother's wife, my son, the grandmother, four dogs... The cardinal points disappeared and now we name the house according to who is using it: *dad's* living room, *grandmother's* kitchen, *the son's* patio, the terrace is mine.

And Pancho? He's all over the place.

Victor Terán

VICTOR TERÁN, su nombre de pila es Víctor Hernández López, nació en Juchitán de Zaragoza, Oaxaca, en el año de 1958, es profesor de enseñanza media, ha publicado en México 8 libros: 6 libros de poesía y 2 libros de cuentos; y en el extranjero ha publicado 2 libros: el libro "Las espinas del amor" en Nueva York, Estados Unidos; y el libro "Poemas" en Londres, Inglaterra. El maestro Víctor Terán ha ofrecido recitales poéticos en todo el país, recientemente en la Sala Nezahualcoyotl, en el "Festival de Poesía" de la UNAM, y, en el Tour 2010 de poetas mexicanos en el Reino Unido, realizando lecturas en el Instituto Cervantes y el Centro Southbank de Londres, también en Leeds, Oxford, Manchester, Glasgow y Edimburgo. Actualmente trabaja como asesor técnico pedagógico de escuelas secundarias técnicas en la región del Istmo oaxaqueño, México.

VICTOR TERÁN, whose given name is Víctor Hernández López, was born in Juchitán de Zaragoza, Oaxaca in 1958. As a high school teacher, he published 8 books in Mexico, 6 books of poetry and 2 books of short stories. Abroad, he published 2 books: *Las espinas del amor* in New York, United States; and the collection *Poemas* in London, England. Professor Victor Terán has offered poetry readings throughout Mexico, recently in the Nezahualcoyotl Room, at the UNAM's (National Autonomous University of Mexico) Poetry Festival and in the 2010 Tour of Mexican poets in the United Kingdom, giving readings at the Cervantes Institute and the London Southbank Centre, Leeds, Oxford, Manchester, Glasgow and Edinburgh. He currently works as a pedagogical advisor for technical secondary schools in the region of the Isthmus of Oaxaca, Mexico.

EL PLEITO DE UN MATRIMONIO

VIVÍA ESTE MATRIMONIO UN PROBLEMA. ¿QUÉ MATRIMONIO?, no voy a mencionar nombres para que nadie me reclame, quiero evitar que digan que yo mero a mi alta edad ando desacreditando a la gente.

Estaban en su casa sentados en el comedor discutiendo sobre quién le ha fallado al otro con más frecuencia, quién ha lastimado más al otro con sus brusquedades.

—Tienes razón, esposa mía —dijo el hombre—, lo importante aquí es que somos seres pensantes, si fuéramos animales ahorita ya estuviéramos mentándonos la madre o golpeándonos, nada de eso, si tú crees que ya no es posible seguir con nuestro matrimonio, acepto tu decisión y aquí termina todo.

—Es lo que digo —respondió la mujer—, que este matrimonio termine sin problemas, que las cosas materiales que logramos hacer las repartamos de manera equitativa, así nadie saldrá peleando.

Acordada la separación comenzaron a nombrar y a disponer del patrimonio logrado:

—Yo me quedo con...

—Yo con...

...

La repartición avanzaba sin problemas, nadie discutía nada, los dos aceptaban los bienes que les iba tocando. Donde la distribución vino a truncarse fue cuando nombraron a los hijos:

—Son tres —dijo el hombre—, y tú no vas a consentir quedarte con uno y que a mí me toquen dos, tampoco yo voy a querer que a ti te toquen dos y a mí uno. Lo que podemos hacer es aplazar un año esta separación, que tengamos otro hijo para que sean cuatro, así la repartición será equitativa y nadie se irá molesto, bien sabemos que la ira provoca problemas; esperemos a tener el otro hijo, esperemos.

—Bueno pues, qué más nos queda —respondió la mujer y se levantó para terminar la plática, iba ya hacia la puerta cuando el marido casi le grita, sorprendido por la idea.

—¿Y si esta vez te embarazo doble?

—Despreocúpate, maridito —contestó desganada la mujer—, si yo estuviera atenida a tu sexo no tendríamos hijo alguno.

THE PROBLEM IN A MARRIAGE

*I*N THIS MARRIAGE, THERE WAS A PROBLEM. WHAT MARRIAGE? I am not going to mention any names so that no one blames me; I want to avoid them saying that in my advanced years I am maligning people.

They were at home sitting in the dining room discussing who had failed the other more, who had hurt the other more with their brusqueness.

"You are right, my wife," said the man. "The important thing here is that we are rational beings. If we were animals right now we would be insulting each other or hitting each other. None of that. If you believe that it is no longer possible to continue with our marriage, I accept your decision and everything ends here."

"That's what I'm saying," answered the woman, "that this marriage end without any problems, that the material things that we managed to obtain we distribute them in an equitable way, so no one will end up fighting."

Once the separation was agreed upon, they began to name and dispose of the acquired estate:

"I'll keep ..."

"And I with..."

...

The distribution progressed smoothly; no one argued about anything. The two accepted the assets that they received.

Where the distribution came to a halt was when they named the children:

"There are three," said the man, "and you are not going to consent to keeping just one and that I get two, neither am I going to want that you get two and me one. What we can do is postpone this separation for a year, that way we can have another child so that there are four, so the distribution will be equitable and no one will leave upset. We know well that anger causes problems. Let's wait to have the other child, let's wait."

"Well then, what else do we have to lose?" the woman answered and got up to finish the conversation. She was already going to the door when the husband almost yelled at her, surprised by her acceptance of the idea.

"And what if this time I get you pregnant with twins?"

"Don't worry, hubby," the woman answered apathetically, "if I were to wait on your sex, we wouldn't have any children."

182 *Galería/Gallery* *Oaxaca y más allá*

Rosamel Segundo Benavides-Garb y Guadalupe Ángela con los estudiantes de Cal Poly Humboldt en la calle Alcalá, Oaxaca

Gayne Rodríguez Guzmán en el PAN:AM restaurante, Oaxaca (Foto por Dorothy Pendleton)

Calle Alcalá, Oaxaca (Foto por Dorothy Pendleton)

Templo de Santo Domingo, Oaxaca (Foto por James Gaasch)

Francisco José Ruiz Cervantes, Manuel Matus y James Gaasch en El Asador Vasco restaurante, Oaxaca (Foto por Julieta Cayetano)

Rolando Fernando Martínez Sánchez, James Gaasch y Francisco José Ruiz Cervantes en el patio del Hotel Las Mariposas, Oaxaca (Foto por Dorothy Pendleton)

Centro Fotográfico Manuel Alvarez Bravo, Oaxaca (Foto por James Gaasch)

Rosamel Segundo Benavides-Garb, Dorothy Pendleton, Kyle Morgan y Andrea Santamaria en las oficinas de la Press at Cal Poly Humboldt, Arcata, California (Foto por James Gaasch)

Francisco Javier de la Cabada, Guadalupe Ángela y Lilianet Brintrup.

Rolando Fernando Martínez Sánchez y Guadalupe Ángela (Foto por Facultad de Idiomas, Universidad Autónoma de Benito Juárez, Oaxaca)

Arte callejero sagrado en Oaxaca
(Foto por James Gaasch)

Made in the USA
Las Vegas, NV
15 August 2023